庞金玲——著

生活宜简，不宜满

中国商业出版社

图书在版编目（CIP）数据

生活宜简，不宜满/庞金玲著.--北京：中国商业出版社，2019.12
　ISBN 978-7-5208-1018-0

　Ⅰ.①生… Ⅱ.①庞… Ⅲ.①生活方式-通俗读物 Ⅳ.① C913.3-49

中国版本图书馆 CIP 数据核字 (2019) 第 276780 号

责任编辑：张新壮　张盈

中国商业出版社出版发行
010-63180647　www.c-cbook.com
(100053　北京广安门内报国寺 1 号)
新华书店经销
北京富泰印刷有限责任公司印刷

*

880 毫米 ×1230 毫米　32 开　7.75 印张　165 千字
2020 年 1 月第 1 版　2020 年 1 月第 1 次印刷
定价：42.00 元

****

(如有印装质量问题可更换)

前言 PREFACE

很长一段时间,我总是感觉自己被肉眼看不见的压迫感挤压得喘不过气来,似乎整个人都被禁锢在坚硬的盒子里,压抑而接近窒息。

那时候,我每天伴着最后一抹星光,睡眼惺忪醒来,匆忙洗漱后,赶头班车去上班,然后在狭小闭塞的格子间耗到夜幕降临,才拖着疲惫的身躯踏上归家的漫漫长路。因为总是忙碌,很少休息,就像机器上的发条,似乎一停下来就会失去意义。

那时的我,拿着不菲的工资,可以随心所欲地购买喜欢的东西,然而那些开不完的会、加不完的班、写不完的稿和改不完的选题,以及五花八门的应酬和错综复杂的关系,让我的内心蒙上了厚厚的灰尘,变得愈加黯淡慌乱。

我觉得自己就像溺水之人,拖着重重的躯壳,越下沉,越挣扎，越挣扎，越下沉……在物欲的指挥下、在压力的胁迫下、在忙碌的引导下，我丢掉了简单而原始的快乐，一点点迷失自己，一点点厌倦生活，身心俱疲。

这样的状况一直持续到三年前，直到我在夜晚的飞机上读到了一篇有关极简生活的文章。在那一瞬间，映入眼帘的"极简"二字就像一束绮丽的光，一下照亮了我原本黯淡的世界。我意识到，也许我正背负着的疲惫，恰恰就是源于已有的生活方式背离了简单的初衷，变得复杂而功利。我把生活"装"得太满了。

后来，我开始有意识地控制自己的物欲，减缓脚步并平衡自己的心态，尝试着以更简单的思路和更多维的角度重新审视生活。我发现，当房间变得越来越整洁、生活变得越来越有序、节奏放得越来越缓慢的时候，我的心也跟着轻松起来，脸上的笑容多了，整个人重新焕发出了生机。

我意识到，这便是值得我穷尽一生的力量努力追寻的简单的魅力。

如今的我，毋庸置疑已经成为"简单生活"的忠实拥护者和推崇者。我希望能够带动并影响更多的人加入这种健康生活的行列，尝试着修剪心头旁生的枝蔓，厘清脑中疯长的蒿草，建立内心全新的秩序，寻找生命最美的真谛。

　　无论你是匆忙奔跑的赶路人，还是正被烦琐所累的疲惫者，希望你能停下追逐的脚步，放飞心灵，享受"当下"时光，抬头欣赏窗外绝美的晚霞，与爱人谈天说地，品尝美味佳肴，穿戴最爱的衣物，体味完成一项工作所带来的成就感……

　　你会发现，原来这些才是我们苦苦追寻的"宝物"。

　　谨以此书，献给所有想让生活充满快乐的朋友们。

第 **1** 章
生活其实很简单，只是你活得不简单

世间走一遭，有人感慨人生太苦、太累。事实上，真正让我们活得辛苦的，并不是生活本身，而是我们对待生活的态度。当你拂去内心的尘埃，以积极的心态轻松上阵时，你会发现，原来最简单的快乐，就藏在最简单的日子中。

小时候，幸福很简单；长大后，简单很幸福　2

别用嘴上的"佛系"，掩饰你内心的焦虑　9

简单生活的本质：简而不陋，实而不华　17

比起人生赢家，做个普通人不丢脸　23

生活没有你想象得那么好，

但也不会像你想象得那么糟　29

生活宜简，不宜满

第 *2* 章
简单生活，不是简单地"扔、扔、扔"

　　简单生活，并不是简单地"扔、扔、扔"，是一种"舍"的智慧。它强调的是通过对物品的整理、简化和取舍，帮助我们对抗内心与日俱增的欲望，将我们从错综复杂的信息中解脱出来，更理性地看待物欲，过更平衡、更高质的生活。

简单生活，是整理后按照想法简化、留下　36

用记录软件梳理自己拥有的物品　42

给质量做加法，给数量做减法　48

在小范围社交圈内立下目标　55

买喜欢的，买需要的，买值得的　59

列出欲望清单，任时间筛选出真正的需要　64

第 3 章

内心戏太多，难怪你活得这么累

　　大多时候，我们之所以会感觉心累、身倦、人疲惫，最大的问题就在于我们想得太多。归根结底，所有的内心戏都是我们给自己戴上的沉重枷锁，都会消磨锐气，磨损心力，浇灭斗志，使我们被滞留在过去，停泊在原地，无法拥抱更真实的世界和更美好的自己。

就算改变不了命运，也不要去嫉妒　70

不用力过猛，也是一种极简　75

人生之所以累，是因为你想得太多　80

你拥有的越多，被占用的也就越多　85

生活难免苟且，学会与自己和解　90

生 活 宜 简 ， 不 宜 满

第 *4* 章

人生这件事，根本没有标准答案

　　犹如一千个读者心中有一千个哈姆雷特一样，一千个人也会活出一千种人生。这意味着，人生这件事，根本没有标准答案。如果一定要给多彩的人生框定准则的话，那就是仅有一次的宝贵人生，一定要简单开心地过、酣畅淋漓地活。

财多累人，欲多累心，情多大都不安宁　96

慢下来，等一等自己的灵魂　103

所谓的人生赢家，不过是尽力做一个忠于自我的人　110

人生不需要太多的行李，也无须过分的装饰　117

你的人生有限，请不要为别人而活　124

第 5 章

谈不拢、合不来,那就自己玩

穿过岁月的迷雾,走过友情的沼泽,后来,我们才真正懂得:朋友不必太多,真心就好;圈子不必太大,干净就好。比起互相消耗,更好的友谊应该是互相促进;比起盲目强融,更好的交友原则应该是谈不拢、合不来,那就自己玩。

不要虚假的高级感　132

说话有尺,做事有余　139

远离负能量爆棚的人　147

舍弃酒肉朋友,减少无意义的聚会和饭局　154

学会拒绝,不做老好人　160

生活宜简，不宜满

第 *6* 章
用智慧超越忙碌，而非埋头苦干

忙着升职，忙着加薪……不知从什么时候开始，「忙碌」已经成为我们生活的主旋律。因为忙碌，我们粗暴地背离了生活的初衷和内心的宁静；因为忙碌，我们遗憾地迷失了前进的方向也丢掉了人生的理想。而简单生活的第一步，就是要让我们学会用智慧超越忙碌，而非埋头苦干。

当一天结束时，将自己清零　168

采用有效的工作方法，不拖延　173

一次只专注做一件事，尽可能不同时做几件　181

不要假装很努力，结果不会陪你演戏　188

不是你没有时间，而是你被消耗得太多　193

第 7 章

让一切归零,与时光握手言和,与岁月温柔相拥

  每一段时光,都有自己的使命。当你决定让一切归零,与时光握手言和,与岁月温柔相拥的那一刻,这段时光的使命也就完成了,因为,它教会了你成长。越长大,越明白,过去的一切,零碎的、完整的、不堪的、确幸的,其实都是人生不可或缺的重要组成部分。

爱过的人,走过的路,成就了我们的人生　202

与其花时间提升物的档次,

不如花时间提升自己的内涵　208

有舍有得,随心而活　215

不深究,不细想,是获得快乐的捷径　222

所得,所不得,皆不如心安理得　229

第 1 章

生活其实很简单，只是你活得不简单

世间走一遭，有人感慨人生太苦、太累。事实上，真正让我们活得辛苦的，并不是生活本身，而是我们对待生活的态度。当你拂去内心的尘埃，以积极的心态轻松上阵时，你会发现，原来最简单的快乐，就藏在最简单的日子中。

小时候，幸福很简单；长大后，简单很幸福

1
孩子们的快乐，如此简单

前段时间，为了赶稿，我连着一个月没有休息。结果，习惯了周末有我陪伴的女儿不乐意了，整天闷闷不乐的。为了安抚她，我决定暂时放下工作带她到附近的公园转转。

女儿听说我要带她出去转转，一扫前几天的心情阴霾，立刻欢呼雀跃起来，出门的时候，还特意带上了她最心爱的泡泡机和挖沙桶。看着女儿高兴的样子，我的心情也跟着爽朗起来。

阳春三月，微风里带着阵阵暖意，湖堤上的杨柳抽出了新芽，湖面微微泛着涟漪，放眼望去，满眼皆绿，的确是让人倍感舒适的好季节。女儿欢快得像只小兔子，她挣脱我的手，哼着小曲，咧着嘴笑着、跑着，享受着春的赠与。

而我，因为始终牵挂着工作，尽管美景尽收眼底，却并没有

多少心情欣赏,只想着女儿快点游玩一番,了却她心愿,好回家继续赶稿。

后来,我们在公园里偶遇了女儿的小伙伴桐桐。两个孩子十分高兴,很快就结成了玩伴,在一起开心地吹泡泡。趁着这个机会,我赶紧坐在旁边的椅子上,点开微信,和客户聊起了选题事宜。

正当我聊得投入时,突然听到女儿欢快的声音:"妈妈,你为什么要坐在那里呀,快来和我们一起玩泡泡吧!"

我循声望去,只见女儿和桐桐像两只快乐的小蝴蝶追逐着、欢笑着,而另一旁,桐桐的妈妈拿着女儿的泡泡机,和她们笑作一团。阳光洒在晶莹剔透的泡泡上,折射出五颜六色的绮丽光圈,映照着孩子们天真无邪的笑脸,一切都那么美好、那么自然。

那一刻,我的内心无比动容。原来,孩子们的快乐,是如此简单的一件事情。

2
谁不曾拥有简单快乐的童年

看着眼前幸福的一幕,我不禁想到了自己的童年。

我是在农村长大的,在那个物资匮乏的年代,尽管日子并不丰裕,尽管生活捉襟见肘,可幸福却真实绵长。

记忆里,那时候的天空很蓝,日子很长,我们也过得无忧无虑。

春天是我最喜欢的季节，河堤上、田野里，漫山遍野的花都开了。我和小伙伴会折下柳树刚抽出的新条，编成花环，然后摘来五颜六色的野花，插在花环上，扮演电视里的公主。

我们还会找来许多的瓶瓶罐罐，采集不同的植物，比如家门前的马齿苋、挂在树上的桑葚，还有春天开得热热闹闹的野蔷薇花、凤仙花等，然后用力压出汁，装在洗干净的瓶子里，假装那是神仙水。

夏日的下午或傍晚，我们会用水和了泥，在手上如拍饼一样，再团一下，再用力甩向房子的前墙上。每一次，奶奶听到响动都会跑出来训斥我们一番，但我们从来不听。那些糊到墙上的"圆饼"干了后会掉落一些，墙面就疙疙瘩瘩斑驳起来，我们总是打赌哪个"圆饼"会率先掉落，乐此不疲。

那时候没有空调，夏天的傍晚，大家总是喜欢聚在一起纳凉，大人们三五成群地在一起拉家常，而我们这群孩子则喜欢跑到村头的小河边抓萤火虫。成群结队的萤火虫，像星星一样照亮了黢黑的夜，我们拿着自制的小网子，追赶着、嬉闹着，那欢快的笑声，沿着河堤绵延到很远的地方。

秋天是丰收的季节，也是肚子和嘴巴最快乐的季节。记得那时候隔几天就会和小伙伴一起放牛，我们的足迹遍布山间湖畔，有时候将牛拴在树上，便去采野花、捉蝴蝶，漫山遍野地找野草莓

吃。红红的野草莓个头虽小,但酸酸甜甜的味道,是我们童年最好的零食。

冬天,穿得像臃肿的小茄子一般的我们,最喜欢在雪地上撒欢。那时候很多人都住平房,每一次降温后,屋檐下都会结长长的、大大的冰溜子。我们会搬来小椅子小心翼翼地摘下那一串串的冰溜子,然后激烈地争论谁的大、谁的长。

当然,冬天里最盼望的日子就是过年了。一年到头,也只有到过年的时候,我们才会换上一身崭新的衣服。大年初一,天刚蒙蒙亮,我们就会迫不及待地走家串户去拜年,一个早上下来,不仅吃得肚子浑圆,口袋里也塞得满满当当……

那时候,虽然我们没有现在这些美味的零食和好玩的玩具,但是,因为有大自然的馈赠,有小伙伴的陪伴,日子却过得一点儿也不寂寞。

3
越长大,越复杂

那时候的幸福,多么简单!

只是,随着时光慢慢流逝,随着我们一点一点成长为大人的模样,我们内心那份最简单的快乐和最原始的纯真也一点点地被遗弃在了光阴的隧道中。

记得去年春节的时候,我们几个多年不见的儿时玩伴特意约着相聚了一次。彼时，褪去曾经的青涩，时光机器已经将我们雕琢成了成熟的模样。那天，大家相约着一起去爬山，走在儿时熟悉的道路上，田野依然辽阔，炊烟依然袅袅，山还是那座山，人也还是那群人，只是我们早已没了当年的活泼乱跳和轻松愉悦。一路上，大家的话题始终围绕着事业、婚姻、爱情、孩子、车子和房子，满腹心事，礼貌而客套。

这是一场童年的追忆，也是一次陌生的聚会，它见证了我们的成长，也凸显了我们的变化。

不可否认的是，成人的世界是复杂的，工作的繁杂、生存的压力、人际关系的纷繁，随着这一切猝不及防的来临，我们学会了伪装，我们顾虑得太多、变得更复杂，我们开始习惯性地在做任何事之前先去衡量利弊得失。随之而来的是我们脸上的笑容越来越少，我们的内心越来越沉重，我们的幸福感越来越微弱，我们的疲惫感却越来越强烈。

越长大，越复杂。

小时候，天很蓝，花很艳，笑容很灿烂；长大后，天变淡，花变暗，笑脸有背面。

小时候，我们是飞来飞去的蝴蝶，对花花世界的一切都充满着好奇；长大后，我们变成了前行的木偶，对什么都提不起兴趣，需要做的事情越来越多，喜欢做的事情却越来越少。

小时候，心很小，路很宽，我们光着脚丫也敢在外面横冲直

撞；长大后，想得很多，话却很短，我们穿着鞋也走得战战兢兢。

小时候，我们词不达意，路边一起玩弹珠的都是好朋友；长大后，我们言不由衷，觥筹交错间的笑脸也不一定是真朋友。

小时候，幸福很简单，一朵花、一颗糖、一句微不足道的夸奖，就可以开心地手舞足蹈；长大后，幸福很遥远，隔着忙碌，隔着猜忌，隔着无处不在的防备，也隔着渐行渐远的简单纯粹。

人人都说岁月是神偷，然而，究竟是它偷了我们的快乐和幸福，还是我们自己丢掉了它的纯粹和简单？

4
幸福从未走远，只要永葆简单的心境

"妈妈，快来玩泡泡。"

正当我沉浸在自己的思绪之中时，女儿再一次的欢快呼唤将我拉回了现实。望着女儿充满期待又天真快乐的笑脸，我不忍拒绝，于是，我收起了思绪，放下了手机，决定加入她们的游戏。

美好的春日午后，我们两个大人带着两个孩子，投入到了一场童趣浪漫的泡泡游戏之中。那一刻，感受着春的温暖明媚，感受着孩子们的欢呼雀跃，感受着湖堤边的生机盎然，我仿佛也乘着时光的机器，回到了最纯真的童年，远离城市的喧嚣，远离工作的繁忙，远离人际关系的纷繁复杂和家长里短的鸡毛蒜皮，快乐那么真实，又那么纯粹。

那天,我和女儿玩得很尽兴,回家的路上,女儿牵着我的手甜蜜地对我说:"妈妈,我今天真开心,我觉得笑着的你,比平时都好看。"

听着女儿天真无邪的话语,我的眼睛有那么一瞬间的迷蒙,也是在那一刻,我才突然意识到,原来我已经很久没有这样放肆而快乐地笑过了。我暗暗在心里下了一个决定,往后余生,即使工作再忙、人生再累,也一定要留一点儿时间给自己,给幸福感一个来临的理由和安放的空间。

也是从那天起,我突然就明白了一个道理,其实生活还是那个生活,幸福也还是那种幸福,成长的过程,并没有改变快乐的模样,改变的仅仅只是我们感受幸福和快乐的能力。换言之,并不是幸福远离了我们,而是我们在成长的过程中沾染了尘埃,想得更多了,变得更复杂了。

小时候,幸福很简单;长大后,简单就是幸福。生而为人,或许,我们无法逃离环境的纷繁,也无法改变人生的不易,但我们却可以掌握自己和心境。生活宜简不宜满,简简单单地活,轻轻松松地过,那么,你得到的一定比你想要的多得多。

别用嘴上的"佛系",掩饰你内心的焦虑

1
不是每件事,都能以"佛系"自处

她单身许久了。爱情里,她总是胆小怯懦,明明渴望,可是在靠近对方的时候,又会因为惊慌失措而选择落荒而逃。

好像太胖了,脸太大、腰太粗,应该减肥了;好像太平庸了,应该多读点书提升自己;好像太土了,应该好好捯饬一下自己了……她自卑着,一边暗暗下决心要健身、要变美、要修炼自己;一边在心里鼓励自己下次遇到合适的,一定要勇敢一点儿。

然而,一觉醒来她便泄气了,继续"佛系"地安慰自己:胖就胖吧、土就土吧,也不是靠颜值取胜;错过就错过吧,爱情从来都是可遇而不可求的。

他毕业几年了,每天在太阳底下晒得油光泛亮,骑着半旧的电动车，带着难缠的客户四处看房子。

　　习惯了懒散生活的他也曾豪情万丈地设想过，先找一份稳定的工作，然后努力工作，最好再读个在职研究生，争取五年内当公司高管。可设想归设想，年近三十的他真实的状态是每天浑浑噩噩地在职场混着，到点就回家，打开电脑在游戏里厮杀一会儿，再追剧看电影，日子晃晃悠悠地过着。

　　眼看着同龄的发小儿一个个先后升了职、涨了薪、有房有车有存款，而他呢，依然还是穷酸样儿。微薄的工资，不仅要养活自己，还有怀孕的妻子，所以在他的生活里没有诗，更没有远方。

　　他也曾有过短暂的不甘心，想着从明天起做更努力的自己，只是几杯酒下肚，又"佛系"地劝自己：算了吧，何必这么累呢，日子也还是能过的，何必要求太多呢。

　　这样的情景，你是否也感觉似曾相识呢？生活不是童话，也不是每件事都能以"佛系"自处。当你靠着这样的"自我麻醉"一边活在自己的世界里，一边又暗地里叫苦不迭、不甘和焦虑的时候，你实际已经把自己捆缚在了原地，失去了方向和动力。

　　或许，在夜深人静的时候，你应该认真地问一问自己，那些你所谓的不争不抢、风轻云淡和岁月静好，究竟是出自真正的"佛系"，还是仅仅只是你为自己的漫不经心和毫不作为强加的借口？

2

大多数时候,"佛系"只是掩饰害怕和焦虑的工具

不知道从什么时候开始,"佛系"成为了一个备受追捧的热词,"佛系"青年、"佛系"恋爱、"佛系"购物……一时间,许多人都把"佛系"当成了一种生活态度。似乎只要和"佛系"沾边,就有了"看破红尘,无欲无求"的仙气,在别人质疑自己那种漫不经心、凡事无所谓的姿态时,只要贴出了"佛系"的标签,便好似有了护身符一般,不会再有人追问。

有人曾经说"佛系"等同于"丧",因为二者对很多事情的态度都是"无所谓,爱咋咋地"。事实上,这两个概念又有着天差地别,从本质上来说,"丧"代表着不想工作、欲望低下、情绪低迷,什么都不想干;而大部分人的"佛系",并不是对所有的事情都不在意,只是找不到做这些事的标准和方向,不肯努力付出,或者在做这件事情的过程中遭遇了困难,从而选择逃避。

吴晓波曾经说过:"这一代人,一个个像悬崖边上的孩子。"的确,快节奏的生活赋予了现代年轻人更多的竞争和压力,而这种竞争和压力又容易让人产生焦虑,继而走向极端。

有些人过于积极,拼命竞争、追求完美、急于求成,在超负荷的生活强度下踽踽前行;还有些人则过于消极,一旦没能如愿就会产生极大的挫败感,几次受挫之后就会一蹶不振,开始逃避甚至自暴自弃。

一个朋友谈过四次恋爱，遗憾的是，每一次不管如何用心经营，最后都逃不过分手的魔咒，而且每次都是对方先提出分手。后来，她便自诩为"佛系"青年，对爱情不再憧憬，而是选择了避之不及，即便有人对她表露爱意，她也会下意识地回避。每次我们劝她好好找个人过日子的时候，她都会笑着摆手说："找什么找啊，一个人的日子多好。"

然而，看起来风轻云淡的她，在每次看到别人你侬我侬的时候，都会表现出落寞。有一次，我们俩聚在街角的小饭馆里吃消夜，半瓶红酒下肚后，微醺的她哭得梨花带雨，一遍遍拷问自己也提问我："我是不是真的很差，为什么每次用尽全力去爱都没有结果，我真得很害怕，怕再一次受伤。"

那天，我们聊到很晚，我劝她不要把分手的责任全部揽下，如果真的不想恋爱了就一个人开开心心地过，如果还想有爱情，就不要躲在"佛系"的庇护下舔舐伤口，而是要勇敢面对，努力去打开心结。

后来，她听从我的建议去尝试着和前男友好好聊了一次，两人认真地分析了一下相处时的状态以及彼此之间存在的分歧。尽管他们并没有破镜重圆，但那次过后，朋友终于选择了释怀，不再逃避。

如果不去工作，那么就不会犯错；如果不去尝试，那么就不

会失望;如果不去恋爱,那么就不会受伤……和我的这位朋友一样,大多数时候,我们的故作轻松,其实并不是真正的"佛系",而只是用来掩饰我们内心害怕面对、不愿努力的工具。

心理学上有个概念叫"习得性无助",意思是说,一个人如果总是在某件事情上失败,他就会放弃对这件事情的努力,甚至还会因此而怀疑自己、否定自己,认为自己无药可救,这也不行,那也不行。

在现实生活中,许多人所谓的"佛系",便是一种典型的"习得性无助"。这种"佛系",容易让人自设藩篱,把所有的失败都归结为自身不可抗拒的因素,从而失去尝试的勇气和信心。长此以往,这种消极的逃避终会拖垮我们的人生。

4
真正的佛系,是保持简单的初心

张嘉佳在《老情书》中写过这样一段话:

老太太说:"老和尚说终归要见山是山,但你们经历见山不是山了吗?不趁着年轻拔腿就走,去刀山火海,不入世就自以为出世,以为自己活佛涅槃来的?我的平平淡淡是苦出来的,你们的平平淡淡是懒惰,是害怕,是贪图安逸,是一条不敢见世面的土狗。"

诚然,生活中我们每个人都不可避免地会遇到看似不可跨越的高山，挫折本身没有意义，重要的是你对待挫折的态度。比起逃避现实还安慰自己平凡可贵，或许我们更应该做的是摆正心态，不急不躁，一步一步努力地去慢慢创造自己想要的生活。

从这个角度来说，真正的佛系，不是压抑欲望，不是逃避现实，而是要保持简单的初心。

初级的"佛系"是以最大的善意对待他人

李宗盛在《凡人歌》里唱道："你我皆凡人，生在人世间，终日奔波苦，一刻不得闲。"作为芸芸众生中的普通一员，学会悲悯他人，学会不互相添堵，无论处于人际交往的哪一张网络之中，都能够从根本上减少冲突和可能会给他人带来的痛苦，从而保持内心的安宁，就是最初级的"佛系"。

人人生而不同，这种不同，既是源于基因的不同、成长环境的不同、受教育程度的不同，也是源于心态的不同、生活方式的不同和三观理念的不同。作为真正的"佛系"人，一定能深刻地理解并由衷地尊重这种不同，并懂得拥抱和善待，让彼此都更快乐、更顺畅。

比如，对于萍水相逢的客服、司机、服务员，不给他们添堵，能行方便就行方便；对于有缘成为家人或恋人的他，给予爱和支持，就如韩国电视剧《请回答1988》中的台词：或许家人是最不懂我们的，但懂不懂有什么重要的呢？最终，消除隔阂的，不是无所不知的脑袋，而是手拉手，坚决不放手的那颗心。

一辈子很长也很短，当你以最大的善意对待他人的时候，他人也会回报你以同样的善意。

中级的"佛系"是懂得修炼自己

在现实的生活中，许多人总是容易受环境所累，受他人挟持，父母、朋友、恋人，甚至是陌生人的一句话，就能让他们高兴一周，走路都飘飘然；也有可能会让他们悲伤一月，茶不思饭不想。这样的人，归根结底，还是自我认知不牢固，太容易随波逐流，也太容易受外界干扰。

大象公会的创始人黄章晋曾说过："有人问我会给25岁的自己提什么建议。我回答：没有什么东西比让一个人摆脱自我谴责、自我厌弃更宝贵。"生活已然不易，不强求自己、不掩饰内心、不选择逃避、不随波逐流，懂得自己要什么、知道什么对自己最重要，并为修炼更好的自己而努力，这才是"佛系"的正确打开方式。

当生活或工作遇到困难的时候，能看清自己的弱势，懂得使用正确的方法来弥补，懂得找资源、找外援、找捷径，帮助自己跨过困境；当失恋或分手的时候，不会因伤心而自我否定甚至自我轻贱，能洞悉如今的自己和当初被爱上时的差距，并懂得在说服自己无缘就不强求的同时修炼更好的自己……中级"佛系"最典型的标志便是，懂得与其活在他人的眼中，不如活在真实的世界中；与其在否定中消耗自己，不如在不断地修炼和解决问题中，慢慢提高人生的等级。

高级"佛系"永葆内心的平静和愉悦

归根结底,"佛系"追求的是内心的安定,而不是无感。从这个角度来说,"佛系"是在焦灼的时代中永葆内心的平静和愉悦。

尽量避免不必要的负面能量,专注于能让自己收获安定幸福的事情;也许会赖床、会偷懒、会晚睡、会拖延,但不会过度地自我攻击。作为一个高级"佛系"者,当遇到重要的事情时,我们还是会认真去完成;我们会迷恋某个人、会专注某份工作,但不会百分之百围绕他(她)而生活,因为我们知道,追求单一的人生目标,若哪天他(她)出了问题,我们的安定和幸福,也会摇摇欲坠。

总之,"佛系"人看上去云淡风轻,实则渴望安定的幸福从心中流淌,舍不得让自己有太多负面的不重要的消耗,只想专心地去经营自己现阶段的人生。

简单生活的本质:简而不陋,实而不华

1

简单的生活,才是最脚踏实地的生活

几年前,我认识了令我十分钦佩的桃姐。

初见桃姐,她一身简单的运动装扮,头发随意地挽在脑后,晒得略黑的脸上,一双杏眼淡泊深情,整个人显得温柔又干练。那时,桃姐刚从支教的闽南山区风尘仆仆地赶回来,如果不是在场的其他人介绍,我都看不出站在我面前的桃姐竟然是一位事业有成的女企业家。

熟识了之后,便逐渐了解了桃姐的故事。

当年大学毕业后,桃姐和当时的男朋友——现在的老公瞅准了淘宝商机,开了自己的淘宝店。后来,随着淘宝的日渐风靡,桃姐和老公的生意也越做越大。有了财富的积累后,桃姐的生活也越过越好了,住着大房子、开着好车子、拥有满屋子的锦衣华服,然而，随之而来的是应酬越来越多，身体越来越疲惫，内心也越来越不快乐。

后来，崇尚简单生活的闺蜜见桃姐状态不好，便邀请桃姐去自己的老家避暑。在那里，桃姐远离了尘世喧嚣，每日呼吸着新鲜的空气，吃着简单却新鲜的饭菜，过着简单而朴素的生活，她感觉找到了久违的轻松和快乐。

回到城市后，桃姐做了一个重要的决定，她减少了应酬时间，并搬离了地处闹市区的住处，在离公司不远处的郊区买了一栋别墅，在院子里种满了喜欢的月季，还开辟了一大块菜园。平日里只要没事，她便一头扎进花圃和菜园，享受劳动的乐趣，那些曾经用来赶路、出差或者应酬的时间，变成了她读书、运动和家人相处的时光。

除此之外，桃姐也减少了购物和消费。省下来的钱，学着闺蜜的样子，全部捐献给了山区的儿童，而且隔三岔五地桃姐还会和闺蜜一起去山区支教。据桃姐说，每次她收到孩子们的成绩单和生活照时，那些朴实的话语和灿烂的笑脸带给她的幸福，要远远强过曾经的锦衣华服和名牌首饰、包包带给她的幸福。也是从那时候起，她忽然就明白了一个朴素的真理：给予永远比获取更让人快乐。

如今，在桃姐的影响下，她的家人也都回归了简朴的生活。桃姐说："活了半辈子才明白，原来这种简而不陋、实而不华的生活，才是最脚踏实地的生活，才能带给我最宝贵的内心平和。"

2
过简朴的生活,而不是俭朴的生活

如今,我们正生活在一个物欲横流、人心浮躁的社会。为了拥有更好的生活,为了追求更高的理想,为了获得更多的财富,我们总是马不停蹄地忙碌着、奋斗着。

然而,在夜深人静的时候,又有多少人坦诚地问过自己:这样的生活,真的是我喜欢的吗?我感觉快乐吗?我过得辛苦吗?

我相信,和桃姐一样,许多人的答案都是否定的。在日复一日的忙碌中,在从不停歇的辛苦中,我们许多人都已经忘记了生活的真谛,丢失了最初的纯粹。于是,我们急需采纳和践行一种更健康、更快乐的生活,去唤醒并救赎自己,从而提高自己的幸福指数。

这也是为什么如今在我们身边,像桃姐这样崇尚简单的人越来越多的重要原因,比起繁华和奢靡,他们更愿意回归简单。

那么,究竟什么是简单的生活呢?

在现实的生活中,常常有人会犯这样一种错误,他们总是简单粗暴地认为,所谓的简单,就是一种俭朴、一种节约,事实上,真正的简单,强调的并非是"俭朴",而是"简朴"。

这两个词,看上去十分相似,然而一字之差,其本质却天差地别。

所谓的俭朴，是指使用便宜、廉价的东西。无论是吃穿住行还是生活用度，生活俭朴的人都会选择便宜的。在他们看来，衣服只要能遮体保暖就行，饭菜只要能饱腹扛饿就行，用品只要能满足生活需求就行，他们在意的是价格、是实惠，而并非生活的品质和仪式感。

所谓的简朴，则是指除去多余的东西，弄清楚什么才是自己真正需要的东西。对于其他东西，他们可能没有更高的要求，但是对于自己喜欢的、需要的东西，他们一定会竭尽所能地去追求最高的品质。

比如，我是一个颇爱月季花的人，我的小小阳台上种满了各个品种的月季花。平日里，我对自己的吃穿用度并没有太高的要求，对于人际交往，我也懒得花费太多的时间和精力去经营，但是只要是和月季花有关的东西，我都会非常上心。而当遇到自己喜欢的漂亮花盆，或者是某个稀有的月季花品种时，一向节俭的我会舍得花高价钱去购买，因为拥有这些漂亮的花盆或者稀有的品种，能够让我的内心变得更幸福、更丰富。当然，在拥有了这些花盆或花种后，我也会万分珍惜。

"简朴"是一种比"俭朴"更高级的生活，它看似风轻云淡，实则是对更高品质的追求。生活中，比起一味的追求奢靡或一味的强调俭朴，我们更应该培养自己能鉴别"哪些方面应该追求高品质，哪些方面应该节约"的眼力。

3
真正的简单,是简而不陋,实而不华

曾经在网上看过这样一个段子:一部高档手机,70%的功能是没用的;一辆高档轿车,70%的速度是多余的;一幢豪华别墅,70%的面积是空闲的……

人生就是这样,当我们试图抓住更多的时候,当我们努力去拥有的时候,其实我们所抓住的,我们所拥有的,并不会如我们想象中一般,能对我们的生活产生更多的积极作用。相反,在某种程度上,它们还会消耗我们更多的时间和精力,让我们的生活分心和受累。

那么,不如变换一种方式,把自己从以物质积累为荣的社会里解救出来,让自己远离不断去积累物质、再努力去消耗物质的旋涡,丢掉那些如同摆设一般的70%,过简单明了的生活,节省更多时间和经历,从而守住那些对我们而言更重要、更迫切、更有意义的30%。

从这个角度来说,真正的简单生活,并不是让我们对抗生活、对抗物质,更不是追求形式上的简单,而是告诉我们要理性地看待物质、对待欲望,追求低调质感的物质享受,维系简单的社交关系,过更平衡、更高质的生活,从而留出更多的时间去做自己最想做或者对自己最重要的事情;它强调的是一种低欲望的简而不陋、实而不华，它代表的是生活的智慧、生活的艺术和生活的态度，它是美好生活的核心，就像野菜一般，自然、朴素、有营养、有滋味。

马云酷爱毛衣加步鞋，扎克伯格常年T恤加牛仔，乔布斯的家里只有必需之物，甘地苦行僧般地生活；

晚年的张爱玲清空了房间的家具，睡觉就在地毯上，吃饭时用纸做的盘子来装食物；

女作家张纯如从来不化妆，也不佩戴任何首饰，整日素面朝天；

美国作家斯蒂芬·金有一套自己的"小桌子"理论：写作的时候，只需要一张小桌子、一盏小台灯、一卷稿纸即可；

我喜欢穿很简单的白衣服和帆布鞋……

这样的生活方式，就是一种简单生活。也正是因为我们崇尚简单，所以我们才更清楚对我们而言什么是最重要的，什么是必不可少的，什么是值得拥有的，什么是必须追求的。简单是生活的最高境界，它是洗尽铅华后的返璞归真，它是"一蓑烟雨任平生"，它是简而不陋、实而不华。它能让我们将注意力从世间的风景中，转移到和自己内心的对话上，它能教会我们如何将自己的人生，变得更丰盛、更美好。

世界如此浮躁，告诉自己要有宁静的心灵，云淡风轻的日子里，一箪食、一瓢饮足矣。享受清晨这一刻的品茶、看书，感受简单生活中的幸福！

比起人生赢家,做个普通人不丢脸

1
人生赢家,这词儿有毒

"说真的,我做梦都想跟她交换人生。"每次与读者小周闲聊,言语中她总会提到她的一位闺蜜。对小周来说,这位闺蜜就是典型的"别人家的孩子",小周从小就活在她的影子下:"从小,她就比我优秀、比我漂亮,别人总拿我们俩来比较,她是榜样、是人生赢家,而我是不如她的失败者,我越是关注她,就越恨不得离开她,我有时候在想,如果我没有认识她就好了。"

为了追赶闺蜜的步伐,小周从20岁时就开始戴牙套做牙齿矫正、做纹眉和美瞳线、注射水光针,买各种时尚杂志学穿搭,不停地折腾只为了变美后在颜值上能胜过闺蜜一筹。而闺蜜一心专注学业,凭借优异成绩各种奖学金拿到手软,专业课和综合课双料第一。

小周感觉很挫败，也无比沮丧，她不止一次地问我："凭什么她就可以轻轻松松的做成每一件事，当她的人生赢家，我就算努力了也还是没有办法赶上她，我的努力还有什么意义？"

隔着屏幕，我似乎都能感受到小周的愤恨和焦虑。这些年，为了追赶闺蜜的步伐，为了摆脱闺蜜的影子，她一直在一根筋地努力奔跑，做自己并不喜欢的事情，谈没有新鲜感的恋爱，在时光的积淀中，她逐渐迷失了自己，也绑架了自己，弄丢了人生。

尽管我很想安慰小周，却不知道究竟该说些什么。很多次，我的问题已经呼之欲出："你习惯于拿自己和闺蜜做比较，究竟是自己的想法，还是他人或者环境强制的要求？"但每次话到嘴边，又情不自禁地咽了下去。

人本身就是当局者迷，于我自己而言，我又何尝不是经常给自己贴上比较的标签？求学要985，就业要大城市，颜值高、身材好，父母地位高，男朋友要拿得出手……当我们被越来越多的指标环绕的时候，当个体评价的标准被粗暴地缩减为指标的好坏时，指标就成为定义一个人的唯一方式。

所以，在生活中，我们经常会听到一些人说："你都多大了，再不结婚就成剩女了！""你都多少岁了还一事无成，我看你这辈子也不会有出息了。"

似乎，我们已经习惯了给所有人都制定一个参照的标准，不管这个人有什么特点，都一股脑儿地套进这个标准框里，如果他不

照做，那么我们就会形容他是"异类"、是失败者。所以，我们开始按照标准的生活轨迹，去匆匆忙忙的相亲、跳槽、努力往上爬，仿佛这样才是走上了正轨，才能成为世人眼中的人生赢家。

然而很多人都和小周一样，自己已经很努力了，却没有感受到一点儿快乐，因此这种感动了我们自己的"努力"，不是为了自我提升，而仅仅只是为了和他人较劲。

当我们只关注自己与他人的差距、一心只想和别人进行攀比时，我们就会让软弱、痛苦、失落肆无忌惮地堆积在我们的情感之中，而这样的我们，又怎么能体会到人生的快乐呢？

要明白，人生赢家不是攀比来的，是靠本心的坚持和努力才能达成的。所以，比起人生赢家，做个普通人并不丢脸。

2
平凡没有什么不好

如今，快节奏的生活频率催生了大众的焦虑，我们生怕来不及，我们都想踏入速成的捷径。

有一个爱好写作的朋友，她的本职工作是某公司的财务，待遇很不错，平时利用休息时间在网上写写东西练手，过得非常充实。

结果，她在看到越来越多的人靠做自媒体写文撰稿一夜暴富，财富和名声的双重刺激击溃了她的理智。于是，她一边叫嚣着

"他们有的写作水平还不如我呢，他们能成功，我一定也会成功的。"一边决心全职撰稿。

有人劝她理智一点："你现在不是挺好的嘛，一边工作一边写，还能有生活保障，不至于有后顾之忧。"

她却说："工作会拖慢我的速度，如果是一边工作一边写，那等我成功都不知道是猴年马月了，成名要越早越好。"

后来，她斩钉截铁地从公司辞了职，把全部心思用来经营自媒体，觉得胜利就在眼前，只要利用自己的天赋再加上努力，就一定能够大红大紫。

但是，现实给了她沉重一击，她废寝忘食地经营了一个多月，浏览的人寥寥无几，粉丝量少得可怜，她也没有任何收入回报。

再后来，心急的她开始寻找其他途径，在网上购买了各类自媒体速成和成功"鸡汤"类的书籍。这些书让她有了新的信心，她觉得自己一定能和他们一样，做出网络爆款，一夜成名。然而当她付诸行动以后，却发现书和现实的差距太大，她依然没有做出一点儿成绩。

三个月的时间，希望—失望—希望—失望的循环彻底压垮了她，她开始后悔自己当初的决定。

眼下在网上流行这样一句话：最怕一生碌碌无为，还安慰自己平凡可贵。的确，我们很多人都不甘心只做一个普通人、过平凡

的一生,我们一直在追寻人生的不平凡,希望过得风风火火、潇潇洒洒。

当然,这也是一种生活态度,只是,在大千世界里,每个人都有每个人的活法,我们大部分人注定就是普通的人,要过平凡的生活。更何况,看花开花落观云卷云舒,用自己的双手去创造价值,一辈子平平淡淡,也未必就不幸福。

所以,又何苦要用心良苦地毁掉自己拥有的幸福,让自己变得不普通呢?

3
世界那么大,每个人都有自己的活法

很久以前,我与朋友小铃曾去电影院看了一部叫《重返狼群》的纪录片。电影的女主角——美女画家微漪在一次草原采风中收养了一只小狼并带回城市喂养,但是繁华的都市不能容纳野性狼生存,于是,微漪和导演亦风一起变卖家产,把小狼放回草原,背井离乡驻扎在了高原之上。

记得当时在离场时,我和小铃听见了前排的女生对旁边的男友说:"你说他们俩是不是有病啊,放着城市里的工作不做去西藏驻扎,根本不值得。"

听罢,我和小铃对视了一眼,彼此都明白彼此心中的想法。

在现实生活中,当我们一旦与主流相背时,往往就会被定义

为"异类",被认为是一件很"丢脸"的事情。在大多数人看来,有一份体面的工作,过着传统意义上的舒适生活,才能被称为是真正的人生赢家。

只是,并不是有醇酒喝、有骏马骑、有高官做才是人生赢家,那些安于平淡的普通生活,也有普通生活的美妙。所以,当个普通人并不丢脸,只要你不是两手一摊不作为,得过且过混吃喝,你同样也是自己的人生赢家。

就好比对于《重返狼群》的主人公而言,西藏是他们心灵的寄托,他们在高山草原上找到了自己的价值,所以,遵从本心,忠于自我,就成为了他们心中对人生赢家的定义。

不可否认,在现实的生活中,每个人都希望能够在千篇一律的平淡生活里追求刺激和不凡,然而却鲜少有人明白,其实在一蔬一饭的日常里,也藏着简单的幸福。我们偶尔的焦虑、浮躁、攀比,的确是不可避免的,但是你是否思考过,那些我们为之沮丧和失落的某一部分,是真的需要进行改变呢,还是只是因为看到了他人的成功,所以我们自己也要去模仿追逐呢?

平凡没有什么不好,比起人生赢家,做个普通人也并不丢脸。人生的路径有很多,只要你敢于遵从内心,只要你愿意坚守自我,只要你懂得在平凡的生活中寻找不平凡的快乐,那么,你就能走出样本的束缚,活出不俗的人生。

生活没有你想象得那么好,但也不会像你想象得那么糟

1

终其一生,没有谁的人生是一帆风顺的

半年前,我曾收到了一位粉丝的留言,暂且叫她乐乐吧。在留言里,乐乐向我讲述了她的故事。

乐乐和前男友是在上大学的时候相识的。毕业那年,为了留在男友身边,为了坚守爱情,乐乐放弃了父母帮她在家乡找好的工作,跟着男友一起回到了千里之外的男友的家乡。

在异地他乡,没有亲人,没有朋友,一切都是艰难的。但因为有爱情,再苦的生活,乐乐也觉得并没有那么苦。两个刚毕业的年轻人,从头开始,住最简陋的城中村,吃最便宜的饭菜,加最多的班,终于在岁月的洗礼中熬出了一些希望,随着工作的稳定,他们的日子也一天天好了起来。

去年，乐乐和男友攒够了付首付的钱，买了套房子，两个人的婚事也提上了日程。这让乐乐觉得，终于苦尽甘来了。然而，命运在关键的时刻，却和乐乐开了个天大的玩笑。那天，匆忙上班的男友不小心将手机落在了家里，刚巧被休假在家的乐乐看到了。

于是，一场被男友隐藏得极好、已经持续了小半年的出轨恋情就这样被乐乐发现了，而那个打破了她幸福生活的第三者，竟然就是乐乐每日朝夕相处、在这个陌生城市唯一的好朋友——同事小遥。

那一瞬间，乐乐觉得自己的世界轰然坍塌。更让乐乐无法承受的是，男友下班回来后看到哭红了眼睛的乐乐，仿佛像是松了一口气一般对她坦诚，自己确实不爱乐乐了，现在乐乐知道了，那他就不必再伪装，大家都轻松了。就这样，乐乐简单地收拾东西搬走了。而在她搬走的第二天，小遥就迫不及待地住进了自己和前男友辛苦赚钱买的房子里。

在留言中，乐乐说，她不知道自己做错了什么，为什么老天要这样惩罚她。如今的她，辞掉了工作，待在一个生活了几年却没有朋友和亲人的城市，她不敢回家，因为不知道要怎么面对父母，她也不知道未来的路要如何走下去。当她站在车水马龙的马路上，看到迷离的夜色中匆忙赶路的人，她觉得自己被全世界抛弃了，一切都那么不真实。

看完留言，透过厚重的夜色，我的内心久久无法平静。闭上眼睛，我能够想象得到乐乐内心此刻正承受的痛苦和煎熬。

生活宜简,不宜满

后来,我慎重地在那条留言后面回复了这样一段话:

"也许此时此刻的你,正经历着人生的巨大痛苦。但是,希望你能够明白,生活不可能像你想象得那么好,也不会像你想象得那么糟,爱情是复杂的,也是简单的,失去了它,并不代表你失去了一切。回到父母身边,认真生活,当你换一个角度看待生活、看待感情的时候,当你从这场悲伤的旋涡中走出来的时候,你会发现,其实一切并没有那么复杂和糟糕。"

终其一生,没有谁的人生是一帆风顺的,我们注定会遭遇一些坎坷,走过一些泥泞。最重要的是,我们会如何看待这些坎坷和泥泞。如果我们把他们简单化,蔑视它们,认为它们是人生必不可少的小插曲,那么,我们就会更轻松地跨越它们;反之,如果我们将它们复杂化,过于纠结,沦陷在里面不可自拔,那么,我们的生活就会被它们裹挟,变得消极复杂。

2
即便再心酸,也都能化为一句"几个月之后"

有段时间,电视剧《北京女子图鉴》很火。据说在剧中,许多人都能找到自己的影子。而我尤其喜欢剧中所传达出来的概念:即便再心酸,也都能化为一句"几个月之后"。

剧中的陈可,孤身一人从四川来到北京,开始了北漂生活。最开始的时候,她租住在连信号都没有的地下室,干着被别人瞧不起的工作，平时连吃个自助餐都要精打细算、小心翼翼。这真实的一幕，或许会引发许多人感同身受。只是，在现实的生活中，有多少"陈可"坚持下去了，又有多少"陈可"中途离开了呢？

许多年前，我也曾是众多"陈可"中的一个。

那时候，刚刚大学毕业的我，经济比较拮据，住在深圳福田区的一个城中村里。那里的房子都是村民自建的8～12层小楼，一层四户，每户不足30平方米，只有简单的木板床和旧桌椅。楼房下面就是下水道，常年有老鼠出没。

我的家是南方三线城市的一个县城，虽然算不上富裕，但从小也没怎么吃过苦，这样的居住环境是我从未经历过的，但为了生活，为了留在距离梦想最近的地方，我只能委曲求全。

因为刚毕业，工作难找，尽管我省吃俭用，可是因为没有收入，很快就"坐吃山空"了。记得有天晚上，当我摸着口袋里仅剩的200元钱，望着破败简陋的出租屋和屋外皎洁明亮的满月，眼泪一下子就出来了。我握着手机，想给远方的父母打个电话，可是犹豫再三，最终没有拨出去。

后来，我打电话给闺蜜跟她诉苦，那天，我的眼泪基本没有停过，好像把一辈子的委屈都哭出来了。哭过之后，我告诉自己：只要我始终以一颗简单朴素的心面对生活，一切都会熬过去的。

所幸，很快我便找到了工作。又很快地，因为工作表现不错，我接连加薪，终于有资本搬出了那个简陋破败的出租屋了。

所以,不管是陈可,还是我,在经历了生活的最低谷之后,最终,都迎来了难得的高峰。我们都用实际行动证明了,生活不可能像想象中那么好,也不可能像想象中那么差。最重要的是,无论面对生活好的一面,还是差的一面,我们都要始终满怀勇气、赤诚和希望,保持对生活最简答的热爱和向往。

3
当你换一种眼光看世界的时候,世界就会变得不一样

前不久,在我几乎快要忘记曾经在某个清凉的夜晚用真挚的语言回复过一个绝望的女孩乐乐时,我又再次收到了乐乐的留言。让人欣慰的是,这一次,她的字里行间已经没有了过去的阴霾,而饱含着乐观和热情。

乐乐告诉我,收到我的回复后,她一夜未眠。后来,她决定要做出改变,把自己从悲伤、绝望的氛围中解放出来,即便前面是万丈深渊,也要勇敢地跨过去,微笑着去面对。

第二天,她收拾了简单的行囊,离开了伤心的城市,回到了熟悉的家乡。与她想象中不同的是,父母并没有责备她,亲人和朋友也并未因此而带着有色眼镜看她。相反地,他们给予了她更多的热情和疼爱,她也因此重新感受到了爱的温暖。

再后来,她通过自己的努力,考上了稳定的事业单位。闲暇之余,她也在不断地充实着自己,旅游、看书、上各种培训课。她

觉得，人生如此短暂，每一天都是珍贵的，都值得珍惜，所以一定要做有意义的事情。

不久前，她还通过相亲，认识了不错的交往对象。如今的她，每一天都过得充实和美好。

她在留言里这样写道："当我换了一种眼光看世界、换了一种态度对待生活的时候，我才突然发觉，原来我所认为的所有的苦难，都不是真正的苦难，我所认为的过不去的坎，不过只是人生的一个小插曲。如今的我，生活得乐观而幸福，未来的我，也将继续坚忍快乐地生活下去。"

我佩服乐乐的勇气，也为她如今拥有的新生活而高兴。的确，人生的道路不可能一帆风顺，终其一生，我们总是会遭遇坎坷、经历磨难，我们总是会在某个不经意的瞬间，迎接命运恶狠狠的耳光。面对这些生活所给予的负荷，最好的姿态，或许就是勇敢地顽强前行，告诉命运："我不屈服！"

摔倒了不哭，是坚韧；摔倒了还能重新站起来，是坚强。如果人生一定要经历磨难的话，那么，不如做个勇敢的人，去承受命运的每一记耳光。

当我们经历过跋涉的煎熬和挫败的洗礼后，蓦然回首，就会发现，生命已经在一次又一次的对抗和挣扎中变得厚重而充盈。

第 *2* 章

简单生活，不是简单地「扔、扔、扔」

简单生活，并不是简单地「扔、扔、扔」，而是一种「舍」的智慧。它强调的是通过对物品的整理、简化和取舍，帮助我们对抗内心与日俱增的欲望，将我们从错综复杂的信息中解脱出来，更理性地看待物欲，过更平衡、更高质的生活。

简单生活,是整理后按照想法简化、留下

1
你生活得好不好,和你拥有多少物品毫不相关

整个衣柜都是衣服,但经常穿的只有那几件;手机里有几十个APP,但经常用的不到10个;微信里有几百个好友,但能聊知心话的不到5个……

以上生活中的"怪象",你中了几个?

如果你中了两个以上,那么请你认真地思考一下:如此种种,除了让你的生活日渐复杂而混乱,你得到了什么?

《乔布斯传》里讲述了乔布斯年轻时的生活细节,其中有这样一段故事。乔布斯觉得各种家具都不好看,于是他就住在一件家具都没有的空房子里。在那段时间里,因为他的生活变得简单了,所以工作也就变得高效了。他说他过得很快乐,尽管屋子里空无一物。

你生活得好不好,和你拥有多少物品毫不相关。

生活宜简,不宜满

如今,我们正处在一个物欲横流的时代,我们所拥有的物质,以及我们对物质的需求越来越多。以刀为例,切蔬菜的、切水果的、切肉的……如果你认真观察就会发现,在市场上,各种各样的刀令人眼花缭乱。越来越多的种类,越来越专业的细分,让我们的生活,变得越来越拥挤。

问题是,我们的生活是否真的必须需要这么多种类的菜刀呢?显然不是。如果时光倒退,在物质贫乏的年代,我们的父辈和祖辈,靠着一把菜刀,也同样切出了各式各样的菜肴。所以从某程度上来说,我们的生活之所以变得越来越复杂、越来越拥挤,其实并不是生活本身出了问题,而是我们对物质的需求越来越多。

在现实生活中,相信大多数人都会和我有一样的感受:家里闲置了某件物品,但又舍不得扔掉。舍不得扔掉可能是因为各种各样的原因,比如有特殊的纪念意义、比如认为在未来的某个时间会用到等。

慢慢地,我们的空间就被这些"弃之可惜,食之无味"的东西堆得满满当当,显得格外拥挤和局促,我们大量的精力和能量,也都被这些物品一点点消耗掉,从而显得格外疲惫。

2
简单生活不是一味的"扔扔扔"

说到这里,可能很多人会说:那我把这些东西扔掉不就行了吗？

如果你这样想，那你就试着扔吧。当你扔完所有的东西，就会发现你并没有得到快乐，反而会因为扔了花钱买来的东西而"肉疼"。

所以，简单生活，并不是一味地"扔扔扔"，更不是"苦行僧"式的自虐。简单生活，应该是一种更为人性化、更经济环保、轻松愉悦的生活方式，它强调的是整理后按照想法去简化和留下。

有段时间，我看着家里堆满了各种各样的物品，心里很是烦躁。一天晚上我迫不及待地行动起来"扔扔扔"：堆满桌子的化妆品，扔了；占了一大半书柜的书，扔了；衣柜里满满当当的衣服，只留了几件自己最喜欢的款式……一边扔，一边还在为自己做心理建设："断舍离嘛，我要的是简单的生活。"

扔完东西，当天晚上感觉整个人都清净了，那天晚上我睡了个好觉。然而，第二天醒来，我发现口红和衣服完全不搭配，于是几天后，我又买了新的口红；在穿衣服时，又发现没有衣服能搭配自己的鞋子，于是几天后，我的衣柜又重新满了……

顿时我才明白过来：一味地"扔扔扔"，不仅没有让自己过上设想的简单生活，还搭上了更多的钱和精力。

事实上，追求简单生活本身是没有错的，只是，在实践的过程中，我用错了方法——在还没有认真思考，弄清楚究竟哪些东西是有用的、哪些东西是无用的之前，我就选择了全盘否定和全盘舍

弃。这种粗暴的清理方式让我陷入了一种"扔扔扔——买买买"的恶性循环。

在现实生活中,像我这样的人并不是少数。这也从另一个侧面说明了如今"简单生活"的理念虽然风靡,但是很多人对其真正的含义却是懵懂不知的,再加之各种爆款软文的鼓吹,让很多人误认为简单生活就是"扔扔扔"。

简单的生活方式,其实是一种"舍"的智慧。从本质上来说,所谓的断舍离,并不是指无差别地扔掉生活用品以达到眼前的短暂清净,而是将所有物品整理后,通过认真思考来进行简化和保留,确认不需要的再扔掉。如此这般,才能在保证正常生活的基础上,追求极简生活。

3
简单生活的第一步是让生活留白

因为我个性简单的缘故,所谓"物以类聚,人以群分",我身边的朋友大多也是简单生活的推崇者。其中,春然就是很典型的一位。

记得有一次,春然邀请我去她家做客,刚一进门我就被惊艳到了。她的家是一种日式清淡的感觉,整体看起来干净开阔,目之所及基本没有杂物,但也没有过于清冷的疏离感,既让人感觉整洁干净,也不失居住的烟火气息。

因为实在太喜欢，我便向春然讨教心得。春然笑眯眯地说，清理和储存就是她整理房子的秘诀。

原来，春然的父母是典型的传统家长，从春然记事起，她就觉得家里的每个角落都塞满了东西，衣柜里堆满了不穿的旧衣服，阳台上满满当当地堆放着乱七八糟的杂物，甚至还放着一台积了厚厚灰尘的自行车。因为东西多，无论怎么收拾，家里总是显得杂乱无章，生活空间非常有限。

不喜欢这种生活方式的春然曾经多次问父母："很多东西根本就没有用了，为什么还要攒在家里呢？"

父母总是说："万一什么时候有用呢？"

春然无法认同老一辈的积攒思想，有了自己的房子后，她便在装修的时候预设了大量的储存空间，将生活物品分门别类地储存好，而不是一股脑儿的东堆西放。所以，她的家几乎没有外露的杂物，整体看起来非常清爽。

此外，追求简单生活的春然也深谙"少即是多"的道理，在她的家里，只要是长期不用的东西，她一定会毫不客气地整理出来然后扔掉。而在买东西的时候，她也绝不会一次性买太多，即便是打折再厉害、东西再便宜，如果没有需要，她也绝不会心动。

也正是因为清楚地知道自己的需要和不需要，明白哪些应该购买、哪些应该舍弃，并且做到了分门别类的整理，所以春然才为自己打造了一个整洁简约而又不失温馨的家。

生活宜简,不宜满

和春然的父母一样,如今,许多人的生活都处于"满"的状态:房间里有多余的空间就想要在此处填放物品;一看到新款时装就想买回家;打折销售的产品必然要大采购……长此以往,家里的东西越堆越多,在乱糟糟的生活环境中,内心也在不知不觉中逐渐变得杂乱不堪。

而要想回归简单的快乐,给自己一个舒适简约的空间,就必须学习春然的智慧,给生活留白。

要明白,生活本来就应该是"空"的,正是因为有了欲望的堆积,它才变得越来越满,不堪重负。当然,这里的"空",不仅仅指实际的空间状态,更是指我们的内心状态。而要想达到心灵空间上的"空",我们首先要做到的就是达到现实空间的"空"。

《道德经》中说:"万物之始,大道至简,衍化至繁。"要明白,那些空出来的空间,不是为了让你将它填满,而是为了净化我们的心灵,让我们的内心变得更从容。

用记录软件梳理自己拥有的物品

1

简单生活，才能得到简单的快乐

记得很久之前，看过一部日剧《我的家空无一物》。在这部电视剧中，有一个场景尤其让我难忘：剧中的主人公麻衣躺在洒满阳光、空荡荡的公寓整洁的地板上，轻松又自在地享受着生活的美好和人生的惬意。相比于许多人家中拥挤不堪的模样，麻衣那四壁空空的房间也显得格外干净、舒适。

而剧中麻衣洒脱自在的生活方式也十分令我钦佩。她从不留恋物质，也从不被物质所扰，对于那些没有用的东西、过时的东西，她都会毫不犹豫地扔掉。这样一份追求简约的生活方式，让她的家和心灵永远处于最简单、最舒适、最快乐的状态。

再反观现实生活中的我们，面对那些无用的东西，总是舍不得扔掉。尽管从表面上看，我们的确拥有了很多东西，可是我们的

内心却并不快乐,我们的生活也因为物品太多而多了一份羁绊。

当一个人仅仅只关注物质的时候,你的心就会被物质填满,变成物质的傀儡。

如果我们总是舍不得物质、舍不得扔掉旧的东西、舍不得不去买那些打折却不需要的东西,那么我们的时间、金钱和精力就势必会被最大化地占有,我们的家就会因此而变得拥挤、杂乱,相应地,我们的心情也就会被左右。当我们的生活一直被拖累、被干扰,我们就永远无法体会到人生最单纯、最简单、最极致的快乐。

你的家是什么样,你的心态就是什么样。简单生活,才能得到简单的快乐。

总是沉湎于旧物,就不能迈开腿走向新的生活;总是舍不得没用的东西,能量就会白白消耗。只有学会了断舍离,不再被物欲所左右,为生活腾出更多的空间,我们才能拥有更简单的快乐,迎接更美好的未来。

2
适当的时候,给自己所拥有的东西做一次梳理

前两天,好友晓晨突然心血来潮,想要统计自己家里的所有物品。因为知道我对收纳和整理很有心得,她便打电话兴致勃勃地邀请我一起参与。

原本，我以为这会是一件简单有趣的事情。然而，当我如约来到晓晨家里，打开了她的衣柜时，我倒吸了一口凉气。不得不承认，爱美的晓晨的确是个富裕的"拥有者"，望着她那数量庞大的衣物，我意识到靠人工一件件去清理和分类是一项巨大的工程。于是，我便建议晓晨下载一个记录软件。

通过查询，我们选择了好评度最高的Evernote APP。借助这个软件，我们对晓晨的衣服进行了分类，然后分别编号命名，每件衣服建一条笔记，非常方便。

事实证明，使用Evernote APP统计物品确实要比手动统计快捷方便得多。晓晨就好像发现了新大陆一般，直呼好用。在统计完服饰后，我们又继续用这个APP统计了晓晨的电子产品和小家电清单、护肤品化妆品清单、日用品及库存清单。

忙碌了两三个小时后，终于大功告成了。这时候，看完了统计数据的晓晨却大呼不可思议。原来，在不知不觉间，晓晨已经购买了近百件衣服和化妆品；电子产品出一个新的买一个，旧的没用几天就放到了一边；每逢"双11""双12"和"6.18"，打折促销的产品更是一件件往家里搬，却没见怎么用……于是，在不知不觉间，就累积了一个庞大的数字。

望着统计结果，晓晨感叹，自己总觉得什么都不够，不停地买买买，很多物品没用几天就丢在了一边，如果不是这次统计，根本不知道自己已经拥有了这么多。

事实上,晓晨的购物状况也是生活中大多数人的购物状况。很多时候,因为我们对自己已经拥有的东西没有概念,不知道自己究竟有什么、缺什么、真正需要什么,所以我们总是看见什么就买什么。于是,在不知不觉中,我们所拥有的物品越来越多,被占有的空间也越来越多,我们的生活也因此而变得越来越复杂。

所以,在适当的时候,不妨学一学晓晨,用合适的软件,对自己所有的东西做一次全面的梳理。从本质上来说,这个梳理的过程,其实也是我们朝着简单生活所迈出的关键一步。

3
用记录软件梳理物品,让生活更理性

如今,随着极简生活概念的日益风靡,已经有越来越多的人正试图摆脱物欲,回归自我,加入简单生活的阵营。在这个过程中,我认为十分必要的一点就是要借助科技的力量,选择一款适合自己的记录软件来梳理自己所拥有的物品,并对这些物品进行分门别类的统计。

毋庸置疑,简单生活的第一步,其实就是要学会舍弃那些对生活并不重要的多余物品。通过记录软件去盘点物品的冗杂和空缺,就可以很好地判断出哪些物品是有用的、哪些物品是无用的、哪些物品是重复拥有的,从而对我们加入极简生活阵营提供可靠的

数据支撑和行动依据。

从本质上来说，使用记录软件去梳理当下的拥有，既是对我们过去生活的梳理和评价，也是对我们未来生活的指导和规划。具体来说，它的好处主要体现在以下两方面。

第一，通过记录软件去梳理自己已拥有的物品，能够让我们回想起购买每一件物品时的经历和状态，从而让我们更好地认识自己、更清醒地面对生活。

以我自己的实际经历为例。我在统计化妆品的时候，拿起一支口红，会想起这是我十八岁那年闺蜜送给我的人生第一支口红，从而涌起了很多美好的回忆；记录衣服的时候，我发现自己有很多白色的衣服，那时因为我很迷文艺小说，在潜意识里希望将自己打扮成小说里温婉的女主角的样子；记录日用品的时候，我发现家里还堆着很多卫生纸和沐浴露，是上次"双12"时购买的还没有用完，这说明我也是一个沉迷于打折狂欢的人……

第二，通过记录软件去梳理自己已拥有的物品，能够帮助我们合理地摆放物品、最大限度地提高空间利用率。

在现实生活中，相信大家都有过这种经历，有时候东西乱放，等到需要的时候，翻遍了也找不到，既浪费时间，又耽误事情，得不偿失。

所以，每次将用完的物品放回原处就显得尤为重要，而通过

软件梳理自己所拥有的物品的过程,其实就是一个为我们划定物品放置区域的过程。在这个过程中,我们就会养成将固定的物品分门别类地放在固定区域和固定位置的习惯,从而让自己的生活空间有条理,更井然有序,同时也让自己和家人的精神状态看起来更舒爽、更轻松。

给质量做加法,给数量做减法

1
少即是多,提升质量比提升数量更重要

一百多年前,年轻的哲学家梭罗抛弃了当时自己所拥有的一切,孤身一人来到了瓦尔登湖边的森林里,并在湖边建了一个小屋,开始了一段原始简朴的隐居生活。

那时候,他一边辛勤耕田种地,自食其力;一边又在沉思冥想,进行创作。后来,他把这种生活写成了一本书——自然朴素主义的文学著作《瓦尔登湖》。在书中,他这样描绘来瓦尔登湖畔的意图:

"我隐居在林中,因为我希望活得从容,只和生命中最本质的东西周旋。"

他笔下所谓的"最本质的东西",其实就是简单生活,将更多的时间腾出来深入生命、品味人生。

生活宜简,不宜满

不可否认的是,生而为人,我们的时间、精力以及我们所拥有的空间都是有限的。在现实生活中,如果我们将这些有限的时间、精力和空间用来做毫无意义的事情、装毫无意义的物品,那么,最终剩下的能够让我们自由支配的,就变得少得可怜。我们的生活品质,就会大打折扣。

如今,随着生活水平的不断提高和物质条件的不断丰富,诱惑也不断地分散着我们的注意力。想要这个,也想要那个;舍不得这个,也舍不得那个,随着我们的欲望越来越多,我们被占有得越来越多,我们的身心也越来越疲惫。

换言之,很多时候,我们之所以不快乐,我们之所以生活得太潦草,其实并不是因为我们拥有的太少,而恰恰是因为我们拥有的太多。这种过多的拥有,会埋没我们的真实需要,让我们变得无所适从、迷失方向。

相反,当我们选择轻装上阵,舍弃那些对我们无用的东西时,我们才会拥有更多的时间和精力去做自己想做的事情,我们的生活,也会因此而变得更有条理、更有质感。

在这一点上,缔造了苹果神话的史蒂夫·乔布斯为我们做出了很好的示范。作为苹果的CEO,乔布斯十年如一日永远是同样的装束:高领衫配牛仔裤。如果是不认识他的人,恐怕根本不会觉得他富有。

在一篇人物传记里,有记者曾写到,乔布斯一生也只奉行一个理念，那就是一切不必要的东西都要去掉的"极简主义"。当然，这一理念，也深刻地反映在了苹果的产品设计之中。

作为一位典型的极简主义代表，乔布斯信奉的座右铭是"少即是多"。他曾说过："极简让人更加敏锐，匮乏即是富足，自律产生喜悦，要明白一个大多数人不知道的道理——物极必反！"

当然，也正是因为懂得"少即是多，提升质量比提升数量更重要"的道理，一生生活清苦的乔布斯，才能将有限的时间和精力，全部都投入了伟大的事业当中，并一手引领了手机行业的革命，在提高自己生命质感的同时，也为无数人的生活带去了便利。

2
给质量做加法，给数量做减法

作为一位简单生活的推崇者，这些年，我总结得出了一个重要的生活哲学：给质量做加法，给数量做减法，减少20%的物品，才能提升80%的生活品质。

朋友小鱼是一个典型的购物狂，因为喜欢贪小便宜，所以她的衣柜里满满的全是淘宝买来的廉价衣裙；每次到她家的时候，只要看到屋子里当下堆的最多的东西，就可以知道超市近期在打折促销什么产品。

每次她都跟我抱怨，衣服虽然多，但没有一件能上台面的；

家里东西买了不少,可整理起来实在麻烦,很多一次都没用过。

其实我很清楚,小鱼的烦恼恰恰是由她不健康的生活方式导致的。她热衷于买买买,只要遇到打折或者降价就会兴高采烈地抱着商品回家,还以为自己占了多少的便宜。殊不知,那些贪便宜买回来的东西,只是数量上的累计,并没有提高她的生活质量,相反,还占用了空间,消耗了时间和精力,给她的生活造成诸多不便。

或许,在现实的生活中,许多人都有和小鱼一样的想法,认为买的东西放着也没事,总有一天能用得上。但事实是,基本上不会遇到"不时之需",在当下全面便捷的线下和线上市场里,又有什么是买不到的呢?所以日积月累,这些永远也用不上的东西长期占据着家里的空间,最终把家变成了仓库,降低了我们的生活质量。

3
非必要,勿增实体

其实,在简单生活以前,我也和小鱼一样有过同样的烦恼。

那时候的我,总认为爱自己的方式首先是在物质上满足自己,所以,每当看到"清仓打折"的字样,我就会冲上去,抢一堆在后来基本闲置的东西;每当遇到自己心仪的裙子时,我总是习惯性地买两条,一条穿在身上,一条挂在衣柜里;每次出门逛街,即便什么都不需要，也一定要买点儿东西。

后来，我发现这种随心所欲的买买买，其实并没有从本质上改善我的生活。很多时候，虽然在买它们的那一瞬间，我的确是满足的、快乐的，但这种满足和快乐，在持续很短的一段时间后，就会变成沮丧和惆怅。

拿买衣服来说，虽然每次买来新衣服后，都感觉很开心。然而，因为贪便宜，这些衣服要么质感差，要么过时。当我穿着它们在镜子前比画的时候，便发现它们除了便宜，不再有任何优势，既不能彰显我的气质，也不能出席重要的场合，家里同类的衣服也非常多，结果是钱花了，效果却并不好。

后来，我改变了这种畸形的购物习惯，逛街的时候，即便看到某条裙子再便宜，但如果不适合自己，我也不会购买；在超市，即便促销力度再大，如果没有实际的需求，我也不会购买。慢慢地，当我减少了购物数量的时候，我的购物质量上去了，随之而来的是我的生活质感和内心快乐也越来越多了。

如今，虽然我的衣柜里没有几条裙子，但是它们都是符合我气质的、有质感的，所以，我穿它们的频率也非常高。比起之前衣柜杂乱、衣服众多却每天找不到一件合适的穿，现在的我，在穿衣上纠结更少、更得体、更自在，也更从容。

通过这段真实的经历，我总结出这样一个结论：在日常生活中，我们每个人都应该弄清楚究竟"哪些方面应该追求高品质"和

生活宜简,不宜满

"哪些方面应该节俭",明白自己需要的是什么、适合什么,而不是热衷跟风或者一看见打折就走不动路,买完以后让自己陷入更深的烦恼之中。

想看书,就只需要一盏台灯、一张桌子和一本书,而不是从堆满杂物的书桌里翻出一本带灰的书;想做菜,就买自己喜欢和需要的蔬菜,而不是买一大堆打折菜堆在冰箱。给生活做减法,只有当我们清楚自己需要什么,并做到了"非必要,勿增实体"时,我们的生活质量才有可能得到真正的提升。

4
寻找自己真正喜欢的东西,而不是成为物品的奴隶

人是购买物品的主导,不要让自己成为物品的奴隶。要明白,当你占有物品的时候,其实物品也正在占有你,在某种程度上,越放开物品,越能得到自由。

在日剧《我的家里空无一物》中,女主角麻衣总是将各种物品缩减控制在最低需要的程度,整理贯彻着"扔"之道,不需要的扔掉,需要的摆放在固定的储藏位置,用的时候再拿出来。麻衣的亲人并不理解她,多次和她发生冲突,但麻衣却仍然坚持自己的理念,需要的东西好好使用,不需要的早日扔掉。这种极简的生活理念,也让麻衣收获了极高的生活品质和快乐。

在现实生活中,我们也应该像麻衣学习,牢记"减少20%的

生活用品，提升80％的生活品质"的生活哲学：自己喜欢的、重要的东西，比如衣服、包包，就好好保存、好好爱护，使用时珍惜；反之，那些基本上不会用到的东西，比如开封就甩在一边的口红、不适合自己的鞋子，把它们放在家里跟垃圾场又有什么区别呢？还不如趁早丢掉，要知道，你真心喜欢的东西，是不会冷落它的。

这也是简单生活的核心：找到生活中真正重要的东西，喜欢的就好好珍惜，不需要的就早日放弃。

学会简单生活并不仅仅是单纯地减少物品，削弱人际交往，最重要的，是追寻并贯彻自己喜欢的生活方式，撇去外界浮华，丢掉生活中不必要的干扰项，寻找真正的自己。

想获取幸福，要么停止欲望，要么满足欲望，总得选择一个。

在小范围社交圈内立下目标

1

立个目标，监督自己

一天晚上，我刚洗漱完正准备敷个面膜，微信提示音却一连串的响起。我打开手机，发现闺蜜群里讨论得热火朝天，翻看了聊天记录，我才大概明白，原来闺蜜曼莹在群里立下了一个目标，称自己在以下的三个月内将不再买新衣服和化妆品，不乱花钱，把自己的生活用品需求率降到最低。

姐妹们纷纷询问曼莹怎么突然在群里立目标了，曼莹说，怕自己坚持不下来，所以发到群里让大家一起监督她。

后来几天，曼莹果然每天都会按时在群里汇报一天的行踪：今天一共开支多少，去商场采购了多少基本物品，清理了多少不需要的物品……

其实，刚开始几天，曼莹也有点想放弃，沮丧地表示自己可能坚持不下去，但姐妹们都在给她加油打气。曼莹也表示，不能辜负了大家的期望和自己的决心，于是，便选择了咬牙坚持。等她顺利熬过了最开始的那段艰难的时光后，她的生活慢慢步入了正轨，真正戒掉了乱买东西、乱花钱的毛病。

2
立个目标，和朋友一起进步

有意思的是，群里的其他姐妹受到曼莹的启发和影响，也纷纷加入了曼莹的阵营，宣称要和曼莹一起给生活"减负"，并在群里不定时地汇报自己的成果，大家互相立目标，互相沟通监督，颇有些声势浩大。

当然，结果也是理想的。通过一段时间的坚持，如今，我们闺蜜群里的好几个姐妹都已经改掉了乱购物、乱花钱的毛病，养成了简单生活的好习惯。最意外也最高兴的还是曼莹，令她没有想到的是，她的一个偶然举动，不仅改变了自己，也影响了大家的生活。

人都有群体效应，很多时候，让人愉悦的习惯往往会不断地传染给周围人。而且，你也可以主动将你养成的好习惯和周围人分享。

不必在朋友圈里向所有人大喊自己的目标，你是为了自己坚持，而非他人的眼光，习惯于在朋友圈表现自己的人，往往都是那

些一开始就坚持不下去的人。所以，不如选择在自己信任的小范围社交圈里立个目标，向他们分享自己的习惯和心得，既监督自己，也能影响他人。

在自己舒适的社交范围内，向真心的朋友表达自己的感想，在完成目标的每一个过程里，你会发现，在改变自己的同时，和好朋友的联系也更加紧密了，于是，你的生活也增添了一抹温暖。

3
坚持一个月，你一定会看到改变

不可否认的是，要想成功做到某件事，一开始必然会经历难熬的初始期。在这个过程中，最重要的就是坚持，只有当我们持之以恒地做的时候，才能最终收获成功。

现如今，网络上铺天盖地的"断舍离"的宣传，让很多人都蠢蠢欲动，想去尝试。信息时代，看到很有煽动力的宣传就很想去体验挑战一番是很正常的。然而，理想很丰满，现实很骨感，很多人在尝试了以后，往往不到一周就嚷嚷着放弃，更别提长期坚持了。

很多时候，我们之所以感觉无法坚持做某件事情，是因为我们还没有形成做这件事情的条件反射，自己的身体还不习惯处在做这件事情的状态中，所以我们会觉得痛苦难熬。而当习惯一旦养成以后，我们不做这件事反而会觉得不适应，因为已经习以为常，所以我们不会浮现"今天不想做""做这个事太麻烦了"之类的想法，即使什么也不想，身体也会主动开始行动。

所以，对于克服开头即放弃的心理，我的建议是不妨先给自己定一个"坚持一个月"的初始目标，不管如何这一个月里都不要放弃。

心理学家告诉我们，一个良好习惯的养成一般需要21天，在这个过程中，通常坚持一个星期后，就能让自己逐渐适应并找到状态；坚持10天以后，就会形成惯性；坚持21天后，就基本定型了。

比如，如果无法改掉乱买东西的习惯，那么我们就先给自己定个目标，这一个月内如非必要，不再添置新的物品，可以把多余的钱转入定期储蓄，少去商业区，婉拒朋友的邀约等。

通常，熬过开始的阶段后，我们就会发现自己已经慢慢适应了这种状态，购物的欲望在慢慢削减，不会再觉得这种坚持的日子难熬。

而等一个月后再回头看，当过了最想放弃的阶段，后面其实都是在通过习惯坚持，根本不会去在意截止的时间。虽然已经结束，但这一个月里坚持下来的习惯已经深深刻在了自己的脑海中，后面即便不再去做心理建设，也会自然而然地坚持下去。

买喜欢的,买需要的,买值得的

1
重视消费的陷阱

一天,同事阿菁在午休的时候跟我们抱怨,她觉得自己已经成了购物的奴隶,每次工资一发,就会奔向商场大肆消费,自己觉得好看的"买买买";衣服新款出了"买买买";联名限量款来了"买买买",好像不花钱心里就不舒服。

更要命的是,阿菁的老公和她一样热衷于花钱,不过他喜欢抢购各大超市的折扣商品,每次去超市都会抱一大堆促销商品回去。等到了月底,夫妻俩对着家里的一堆商品面面相觑,钱是花了,自己真正能用到的东西却根本没有几样。然而,等到下一个工资发放日,阿菁和老公并不会汲取上个月的教训,依然会开始新一轮的买买买。

信息时代,迅速而泛滥的信息占据着我们每个人的时间和精力，每个宣传的东西都是那么的光鲜亮丽，非常具有诱惑力。阿菁和她的老公正是陷入了购物的陷阱，以为自己是在享受，殊不知，其实正在被这些信息消耗了自己的时间和精力。

消费之路布满陷阱，稍不注意就会被陷阱上的假象诱惑。学会理性消费，能辨别自己的需要和不需要，就能避免自己掉入陷阱，不被消费绑架，让生活回归正轨。

2
跟风的未必是合适的

生活中，我是一个从不跟风的人。某段时间，某样东西即便再流行、再畅销，如果我感觉不需要的话，也一定不会购买。

也正是因为有这样的好习惯，很多朋友在买东西产生纠结的时候，会经常来问我："我要不要买这个东西？"我总是会回答她："在你下单之前，先想好，你真的会经常用到它吗？还是因为这东西被他人介绍得很好，自己其实并不清楚是否会用到。"

在现实生活中，跟风行为几乎无处不在。比如，今年夏天流行"牛油果绿""泫雅风"，就会有很多人前赴后继地尝试。

被广告打动的各种小家电；看视频买来的不适合自己的口红；不合身的流行款衣服；吹得天花乱坠的保健品；等等。许多人总是被从众心理影响，而失去了自己的主见和辨别力，别人说什么就买什么。

生活宜简,不宜满

然而,等到买回家后,却发现在别人脸上惊艳的口红颜色自己涂起来像个巫婆,别人用起来便捷的果汁机其实很难打理,保健品只是交了个"智商税",衣服试过一次就永远封存在衣柜最底层。

你瞧,这就是跟风的后果。

3
不要被蝇头小利拖累

在生活中,除了跟风外,还有一种不理智的购物行为是,很多人总是热衷于买打折促销的商品,他们能迅速说出自己周边有哪几家商场哪几件东西在打折促销,数量之广、范围之细让人惊讶。他们同样喜欢大量购买这些打折商品,因为"占了很大的便宜"。

我的婆婆就是这样的人,每天早晚雷打不动坐两班公交车,一定要把我们老家小镇的所有大型超市逛个遍,每个超市今天到底什么东西在打折,她可以如数家珍一一道来。

每次回到婆婆家,吃饭时要很艰难才能找到自己坐的位子,因为家里堆满了婆婆买来的各种促销商品——角落里放的蛇皮袋子里是大半年都可能吃不完的萝卜、土豆;桌子下是各种没听过牌子的卫生纸;凭票赠送的头绳串成了长长的一串挂起来;就连超市用来装生鲜的袋子,婆婆也用一个大袋子收起来……我劝过婆婆几次，这些东西买回来也用不完，不如买真正需要的东西，但婆婆一直听不进去。

为了一点儿小利益，习惯于购买折扣促销商品，根本不清楚自己的需要，买来的东西不能给生活提供什么便利，反而给生活套上了枷锁。

4
三个星期法

不良的消费习惯会加重生活的负担，想要简单愉悦的生活，就需要改变自己的消费习惯。对于自己确实非常喜欢的东西，可以采取"三个星期法"，即一个星期不买，下一个星期也坚持不买，等到第三个星期了，如果自己还是十分想要，就可以把它买下来，因为能坚持这么长时间的等待，这个东西一定是对自己很重要的，买来后也会珍惜。

"三个星期法"的原理来源于生活中的冲动消费。很多时候我们一看到自己想要的东西就会头脑发热，只想第一时间把它带回家，不曾考虑其他方面。所以我们堆在家里的东西很多都是源自消费时的冲动，买的时候没有全面考虑，拿回家才发现有诸多不适合，只能忍痛束之高阁。用"三个星期法"就可以规避这种情况，忍过了最初的新鲜和诱惑，时间消磨了它的吸引力，等下次看见的时候就不会再想买了。

每个人都应该树立理性消费的意识。简单生活，理性消费，不是什么都不买，而是依据自己的喜好和需要，买喜欢的、买需要的、买值得的，而非跟风的、品质差的、用不上的。有能力就买质量好的，能一直用的更好。一定要少而精，也就是质量重于数量。

列出欲望清单，任时间筛选出真正的需要

1
"月月光"正在侵蚀我们的生活

有一天，我与好友薇薇逛街，在一家饮品店休息时，薇薇欲言又止，我问她有什么问题，她支支吾吾，过了一会儿才小声问我可不可以借给她钱，下个月发了工资她再还我。我一边转账一边随意地问她怎么没钱了，薇薇一下子打开了话匣子。

原来，薇薇最近迷上了哔哩哔哩弹幕网上的美妆博主视频，看了她们的化妆步骤和推荐后，一向素面朝天的薇薇被深深吸引了。她开始疯狂地购买美妆博主们推荐的化妆品，不管是自己已经有的还是没有的。比如，美妆博主说这个系列口红很漂亮，她一口气买了一整套；说这款限量版很难得，她也会专门让朋友从国外买回来，于是，她家里的化妆品越堆越多。

几个星期下来，不仅薇薇这个月的工资都砸进了化妆品里，

多年来的储蓄也所剩无几,慢慢清醒过来的她面对生活犯了难,实在不得已才向我借钱。

听了薇薇的经历,我很是感慨,现在的年轻人大部分都追求潮流,时尚风向和品牌新款不管自己是否负担得起,都纷纷趋之若鹜,"月月光"在生活中也越来越常见,"花钱一时爽,月底泪茫茫"这种错误的消费习惯不断循环,正在慢慢地侵蚀着我们的生活。

2
在购物前先列清单

25岁之前,我也和薇薇一样,觉得年轻就是用来挥霍的,今朝有酒今朝醉,要对自己好一点儿,一拿到工资就去买自己喜欢的东西。月初潇潇洒洒,月末捉襟见肘,还觉得这才是生活。

闺蜜当时有劝过我,你不存钱,万一遇到事情了,都没有应对的办法。当时我觉得她这是杞人忧天,并没有在意。

后来有一次,母亲在家突然生病,父亲在外出差没有回来,我匆匆忙忙地把母亲送到医院安置好以后,护士让我去缴费,我查询银行卡余额,看着少得可怜的数字,一时间觉得十分羞愧,后来跟父亲打电话,他转了一笔钱让我去缴费,才救了急。

这件事情给了我非常深刻的影响,我回顾自己曾经的消费,发现很多东西都是我因为一时冲动没有经过思考就买下来的,我也很快对它们失去了兴趣并将其束之高阁。然而就是这些我其实并不需要的东西耗费了我大量的时间和金钱,以至于我根本没有力量去对待突然发生的紧急情况。

从那以后我就改掉了这个消费习惯,开始将每个月工资的一部分储存起来,并且发现了一个保持理性消费的方法:在购物之前,先列一个自己的购物清单。

3
理性消费是保证生活的屏障

消费习惯很大程度上会影响生活水平,良好的消费习惯能给我们的生活提供保障,毕竟谁也不知道,是否哪天意外就会降临到自己身上。

在每次购物之前,列一个自己的欲望清单,在做决定之前,先问自己:这个东西真的需要吗?

在购物之前列清单,可以将想买的物品分类,哪些是自己确实需要和喜欢的,哪些是不买也可以的,做到心中有数。"必要的东西"和"真正喜欢的东西"就高高兴兴地买下,不必要的和没有用处的东西就在清单上划掉。

《断舍离》一书中说,使用精挑细选的自己喜爱的东西,这样就能够挖掘出全新的自己。使用什么样的物品会反映你是什么样的人。使用品质好的、有品位的物品,你潜意识里面也会督促自己

做到更好、更有品位,渐渐地,你就成了更好的自己。

消费的最终目的不是"买",而是"用",筛选出真正有作用的物品,和自己真正喜欢的东西相处,才是生活的真谛。

第 *3* 章

内心戏太多,
难怪你活得这么累

大多时候,我们之所以会感觉心累、身倦、人疲惫,最大的问题就在于我们想得太多。归根结底,所有的内心戏都是我们给自己戴上的沉重枷锁,都会消磨锐气,磨损心力,浇灭斗志,使我们被滞留在过去,停泊在原地,无法拥抱更真实的世界和更美好的自己。

就算改变不了命运，也不要去嫉妒

1

那些心怀嫉妒的人，总是希望把你拽下来，或者踩着你自己上去

前几天，一位叫阿琪的读者给我留言倾诉了她最近的烦恼。

她的宿舍有一位年年包揽各类奖学金的学霸，阿琪一直都非常羡慕她，甚至可以说是嫉妒她有这么好的成绩。经过了短期的心理斗争，阿琪决定将嫉妒转化为前进的动力，功夫不负有心人，阿琪在一个学期后成功拿到了三等奖学金。

阿琪还没有开心多久，身边就陆续传出了各种流言，有说她是因为跟老师打好关系，走后门评到的奖学金，还有说她是因为其他社会活动的加分高才拿到的奖学金，她本身的成绩根本不够奖学金的标准。

阿琪非常委屈，不明白为什么会有这么多恶意的揣测。其实，这一个学期的时间里，阿琪经常学习到很晚，临近考试的时

候,通宵复习温书也是常事,为了考出好成绩,苦熬了一个学期的阿琪甚至长出了白头发。可以说,那些好成绩的取得,都是阿琪用一点一滴的辛苦换来的。

然而,她的同学对这些一无所知,她们只是凭着阿琪的成绩就开始杜撰和臆想阿琪是如何投机取巧不正当得来的,没有人在意阿琪在看不见的地方付出了多少努力。

隔着浩瀚的网络,我似乎能够感受到屏幕对面阿琪的委屈。我不知道该如何去安慰她,在对话框下面,我不断地打字又删除,最终留下了这样一段话:"因为你已经到达一定的高度了,他们在底下够不着又不愿意去努力,只能在背后眼红,所以,不用在意他们的评价,做自己就好。"

想想也是,在现实生活中,当所有人处在同一高度的时候,大家或许可以相安无事,而一旦其中有人通过努力达到了更高的程度,势必就会引起其他人的嫉妒和非议。于是,那些心怀嫉妒的人,总是希望把你拽下来,或者踩着你自己上去。

这种嫉妒的可怕之处就在于,它不仅会影响对方的心情,让对方受到伤害,也会让自己妖魔化,把生活变得复杂。

2

所有的嫉妒,都是一场恶性循环

阿琪的故事,不禁让我想到了前段时间发生的一件事情。

那天，我按惯例参加家庭聚会，席间亲友们推杯换盏，很是热闹，有人说起伯父的小女儿姗姗最近辞去了做了四五年的工作，准备在新年后去国外读研究生，在座的亲友听闻后大部分都非常支持姗姗的决定，开始谈起去国外的准备工作和注意事项等。

正讨论得热火朝天，一道不和谐的声音插了进来："现在多的是国外回来的海归没人要，还不如去我女儿读的那个大学读在职研究生，比国外折腾一圈回来强多了。"

说话的是一直不讨喜的一位亲戚，出了名的嫉妒心重，因为有一点儿家底，所以总觉得自己是平辈中发展得最好的，自己的孩子也是晚辈中最有出息的，经常在人前炫耀，却见不得别人家的好。

其他亲戚们都没有理睬他，换了个话题接着聊了起来。

后来在他们谈起最近刚结婚的晚辈时，他又插话道："哎呀，这姗姗早些时候不出国，现在去国外读一圈回来都成老姑娘了，到时候结婚都没人要的。"

伯父彻底变了脸，没一会儿就离开了聚会。一场好好的聚会，却因为嫉妒，变得不欢而散。听说后来，伯父再也不和这位亲戚来往了。

其实，在现实生活中，我们总是不可避免地会遇到一些嫉妒心很重的人，有的人表面不显，却在暗地里下绊子，在背后动手脚；有的人则表现得很明显，时刻处于攻击状态，经常贬低他人，

抓住一点儿小事就大做文章。

无论是哪一种嫉妒，都是一种恶性循环：嫉妒者在凝视深渊的时候，深渊也会侵蚀嫉妒者本身。

3
除了让自己陷入深渊，嫉妒没有任何用

曾经有这样一句流行语"空虚寂寞冷，羡慕嫉妒恨"，羡慕可能会引发嫉妒，嫉妒会累积成恨意，这三种情绪会影响人的心理，引发焦虑，让人们开始小肚鸡肠、患得患失、怨天尤人。

嫉妒是人之本性，每个人都会产生嫉妒之情。好朋友取得了好成绩，在恭喜的同时也会有一点儿不甘心；同学进入了好公司，自己还在为工作奔波，落差太大；别人家的孩子是第一名，自己的娃不开窍，十分着急……这些不甘心、不爽、失落，都是嫉妒心的体现。

问题是，嫉妒真的可以帮助我们解决问题吗？或者说，嫉妒真的可以使我们心里好受一些、变得更强一些吗？答案显然是否定的。

嫉妒的产生往往是现实和理想的差距，当自己取得一定成就、到达一定高度后，却发现还有更多的人比自己更优秀，生活得更好，这种落差就催生了嫉妒，嫉妒没有办法改变现状，于是开始仇恨和敌视，陷入仇恨中的人就有了强烈的报复心理。但事实证

明，无论成功与否，报复的人除了付出巨大的代价以外，并不会得到想象中的满足。

有人说，"希望自己获得幸福很容易，希望自己比他人更幸福却很难实现。"嫉妒对我们的生活没有任何积极影响，只能让自己陷入痛苦的深渊。

正如巴尔扎克说的那样："嫉妒者所受的痛苦比任何人遭受的痛苦都大，他自己的不幸和别人的幸福都会使他遭受痛苦。"嫉妒是病态的、是扭曲的、是邪恶的，嫉妒者不会对他人报以同理心，嫉妒者为他人的苦难而快乐，因他人的圆满而痛苦。嫉妒并不能阻拦他人的脚步，只会让自己在原地痛苦扭曲，身心俱疲。

俗话说，"同人不同命。"我们要对自身有客观清醒的认识，努力前进的同时正视差距，不留给嫉妒滋生的土壤，专注自己的成长和发展，对他人的成就报以善意，相信自己，善待他人，就不会有嫉妒的容身之地了。

试着改变自己，并学会爱上自己，让嫉妒的心理没有容身之处，这样简单的你，会开心很多。

不用力过猛,也是一种极简

1
用力过猛,未必就能心想事成

曾经在很长一段时间里,我都是一个用力过猛的人。

比如,如果明天要考试,那么我一定会临时抱佛脚,复习到很晚,恨不得这次铆足了劲,第二天便能火力全开,取得优异的成绩。

然而,实际情况却是,由于前一晚熬夜看书,第二天考试的时候太过疲惫,头脑一片昏沉,不仅前一天晚上复习过的内容全没记住,之前明明记得很熟的知识点也突然想不起来了,结果得不偿失。

记忆最深的是,有一次公司举办运动会,我报了学生时期十分擅长的长跑。因为很久没练习了,又十分渴望能在这次比赛中取得好的名次,让更多同事和领导看到我。于是,在运动会开始的前一个星期，我花费了大量的时间和精力去进行突击练习。

记得那时候，每天一下班我就会换好运动服去小区附近的公园练习长跑，当我一次次飞奔在路上的时候，我总是觉得，胜利就在不远处，所以即便是在身体已经很疲惫的情况下，我依然没有想过停下来，给自己一点儿缓冲和休息的时间。

结果当然不美好。到了正式比赛那天，在之前的练习中已经疲惫不堪的身体开始和我叫板了，踏在跑道上的双腿就像踩着棉花糖一样，软绵绵的又酸又软。最终，我被别人远远地甩在了后面。

事后，我一度十分懊恼，总是后悔前两天不该因为太想赢而把体力全部浪费在无畏的训练上，没有对自己的训练做一个合理的规划。

也是在那时候，我突然就明白了一个道理，很多时候，当我们为了一件事耗费太多心力、用力过猛时，我们往往并不能如愿达成自己的目的，相反，还会因为一些不得当的安排而弄巧成拙。

2
固不可彼此相仇，亦不可过于情笃

前段时间，重读沈复的《浮生六记》，感触良多。在写到芸娘病逝的时候，大约是伤透了心，沈复感慨道："固不可彼此相仇，亦不可过于情笃。"

细细品味，这句话的确很有几分道理。生活也好，爱情也

罢,那些用力过猛的人,往往结局并不理想。我的大学同学青青就是其中的典型代表。

上大学那会儿,青青被高一级的"校草"学长阿宇迷得神魂颠倒,成了围绕在阿宇身边众多"花蝴蝶"中的一只。为了爱情,大学四年,她几乎成了阿宇的贴身"保姆",洗衣服、占座位、嘘寒问暖,即便她自己有天大的事要做,只要阿宇一声召唤,她也会放下。

只可惜,她的这些付出,并没有换来一个"正牌女友"的名号。对于青青,阿宇始终保持着若即若离的态度,不主动也不拒绝。

毕业后,青青通过努力考上了阿宇所在城市的公务员,在没有任何名分的情况下义无反顾地选择了继续做阿宇的贴身"保姆"。又这样过了几年,大约是流连花丛太久,阿宇也想安定了,这才选择了他认为最适合做老婆的青青结了婚。

然而,在这段婚姻中青青并没有收获到想象中的温暖和美好。阿宇对青青始终很冷漠,过得战战兢兢的青青除了要继续承担"保姆"的责任外,还成了阿宇的"提款机"。更过分的是,习惯了流连花丛的阿宇依然保持着外面"彩旗飘飘"的状态。

刚开始,或许是考虑到青青的感受,阿宇还没有太张扬。渐渐地,便开始明目张胆地和其他女人约会,甚至带不同的女人回家。实在太苦闷的时候,青青就找我聊天,向我诉苦。我劝她离婚，可青青却含着委屈的眼泪倔强地说不甘心、不愿意。

日子就这样一天天地过着，阿宇依然风流，青青依然隐忍，直到去年年底，阿宇遇到了一位家境、相貌都相当不错的女孩后，便不顾青青的哀求和眼泪，坚决要离婚。甚至，为了逼迫不肯松口的青青，阿宇还以向青青单位告发青青曾经为了帮助阿宇的侄子读书而出面"宴请贿赂"领导为要挟，逼迫青青签字。

最终，这场婚姻以青青的惨淡失败结束。青青说，她不明白的是，为什么这些年为了爱情几乎付出一切的她，却不能被爱，她不知道自己究竟做错了什么。

或许在许多人看来，这场爱情闹剧的始作俑者阿宇太渣，而我却认为，青青也必须为自己的用力过猛埋单。因为从一开始就用尽了力气，所以看不清爱情的本质；而越投入就越不舍得放弃、越想要个好结果，所以只能把自己逼进了绝望的境地。

人生最大的悲哀，莫过于为爱耗费太多心力，还不肯放过自己。

3
因为不肯放过自己，所以越活越累

以青青为范本，反观身边无数以失败告终的爱情故事，我发现那些"你对我不好，我却偏偏爱你"的故事里，主人公之所以用力过猛，无外乎就是为了证明自己值得被爱、应该被爱。

生活宜简,不宜满

我为你付出了一切,你为什么不肯爱我?我做了这么多,你为什么视而不见?那些为爱付出的心力、流过的眼泪、放低的姿态,似乎都在提醒着:必须换回点什么,才不算亏。

生活也是一样,为了成功、为了达到某个目的,已经付出了那么多,一旦放弃,前功尽弃,太不划算。也正是因为这种不甘心,我们总是不肯放过自己,让自己越活越累。

渐渐地,我们便发现,大多数时候,我们真正计较的,其实并不是那些让我们心心念念的结果,而是自己貌似努力的姿态。

只是,如果一开始选择的方向就不对,那么,即便你再用力、再付出,又能改变什么呢?就像青青,一开始就不得阿宇的爱,也知道阿宇的为人,却依然一厢情愿地付出,想要为自己争取一个结果,其实结局早就摆在了那里,越用力、付出越多,损失只会越惨痛。

生活中太多的不顺遂、不满意、不适宜,不过都是败给了四个字——用力过猛。所以,丢掉貌似努力的伪装,丢掉内心想赢的欲望,让生活回归简单的状态,把快乐和轻松重新还给自己。

人生之所以累，是因为你想得太多

1
专注自己，少给自己"加戏"

前段时间和在外地打拼的好友小苏视频聊天，快结束的时候她有些沮丧地对我说："年龄越大就越觉得生活不容易，所有的重担都一股脑儿压在自己身上。一个人的时候就会想很多事，感觉每件事都需要做，但是每件事又都很困难，越想越难受，感觉整个人都快累垮了。"

这也是现代人的通病，快节奏的生活和工作让负面情绪更容易产生和堆积，当某个阶段不顺的时候就会自我怀疑和胡思乱想，各种情绪交织在脑海中，越想越烦躁，表面平静内心却是惊涛骇浪，身心都陷入极度疲惫中。

事实上，不管是生活还是学习、工作，我们每天都会遇到各种事情，不学会调节自己的情绪，这些事情就会在心里越堆越多，

心乱了,人怎能不累?所以,我们每个人都要学会给心"减压",学着做一个不给自己"加戏"的人。

当初我实习的时候,因为没有经验向一位学姐取经,学姐给我讲了她刚工作时的经历:刚踏入工作岗位的学姐每天都处在对每一件事都非常"纠结"的状态,作为一个刚入门的实习生,每次跟老板和同事交流时都会联想他说的这句话是不是针对我?他是不是不喜欢我?我有没有出丑,别人会怎么看我?结束一天工作睡觉的时候还会拿出来回想一番,觉得每天都过得非常灰暗,恨不得第二天就递交辞呈。

后来她实在忍不住了,在纸条上写了这样一句话"对他人的猜测注解并不能拿来定义他人,却可以看出自己"。然后她把纸条贴在办公桌最显眼的地方,自己上班时间随时都能看见。

学姐的经历也点醒了我,从小到大,我同样也是喜欢过度发散和解读他人态度的人,有时与他人有争执,我在尴尬的气氛中思忖:她是不是会由此对我印象不好?她是不是因为对我有意见故意反对我的?

但其实,自己在脑海中给自己疯狂加戏,往往都是莫须有的揣测臆想,很多事情是因为自己反复拿出来咀嚼而蒙上了负面印象。本来只是平常交流,自己的内心戏让双方顿生嫌隙;本来只是普通距离,搞得自己仿佛被冷遇排挤;觉得对方有恶意所以态度很差,对方也会受影响而反击,很多交恶就由此产生和传播,造成难以估量的影响。

在我的印象里,每次在外面遇到一些人和事以后回家向妈妈发牢骚,谁谁谁我不喜欢,谁谁谁好像讨厌我,谁谁谁心机重,妈妈都不会顺着我的话讨伐他们,而是对我说:"有没有可能只是你单方面的想法呢?如果真的遇到了别人害你,你能躲即躲,不能的话就上去迎战,我相信我的女儿,你只要做好你自己就行。"

少给自己"加戏",专心做好自己,再谈与他人相处。

2
想得越多,快乐越少

昨天看了一部叫《星期六》的小短片,讲的是男主角在星期六的早晨一边吃早饭一边规划今天的内容,要洗衣服、刷厕所、拖地、丢垃圾、给父母打电话、晚上出去同学聚会,等等。他越想越苦恼,事情太多,觉得每件事都需要立即去做,哪一个也不能放下,没有办法列顺序,他一直想一直想,从白天到日落,一整天过去了,衣服还堆在脏衣篓里,倒垃圾的时间也错过了。

这种现象我想大家应该都经历过,想得太多,信息过量,就会带来一系列问题,最后发现,想这么多,其实什么也没有做成。

"我应该考研还是找工作?会不会后悔自己的选择?""我很想出国,可是他们都说女孩子稳定才好,我该怎么办?""我看不到我的前景,好沮丧。"纠结设想未发生的事情,耿耿于怀已经

发生的事情,随时准备解读别人的言语态度来改变自己,以他人的眼光为标准,只会逐渐失去了自我。

每个人的心都有承载范围,装的烦恼越多,自己的快乐就越少;悲伤的感受越多,生活的幸福就越少。正如白岩松所说:"走到生命的哪一个阶段,都应该喜欢那一段时光,完成那一阶段该完成的职责,顺生而行,不沉迷过去,不狂热地期待着未来,生命这样就好。"

人生在世,本来就有诸多困苦磨难,何必还给自己施加压力,生活得更加艰难。坦然面对生活的所有酸甜苦辣,看淡生活,想得越少越快乐。

3
想法和行动力要统一

比起会产生情感上的起伏,更糟糕的是,想得太多往往还会导致你的懒和怕、混和怂等,而这些"魔鬼"因素,又会削弱你的锐气,磨损你的心力,浇灭你的斗志,让你被滞留在过去,飘浮在未来,却无法专心活在眼前这一刻。换言之,有一种迷茫叫作"想得太多,做得太少"。

前几天好友阿媛裸辞了,在多次听她提到要辞职以后,她终于下定了决心辞职转行。休假时我与她见了一面,她已经辞职一个多月了,还没有找到新的工作。

她很是惶恐地对我说:"感觉每天都处在失业的恐惧中,没有经济来源,非常焦虑。"

我问她:"你想找什么样的工作?"

她说她只觉得自己一定要转型,不能在文员这个岗位上混一辈子,但是真正离开了,她又不知道自己还能做什么,好像什么都可以又什么都不行,所以一直耽搁到现在。

我叹了口气,对她说:"你现在的所有烦恼是因为你自己想得太多又不敢去做,以这个为借口来拖延,想法与行动不成正比,所以越拖越焦虑。"

记得小时候看电视剧《亮剑》,有一处情节至今仍记忆深刻。李云龙和政委商量想组建一个特殊行动小分队,政委听了以后说很不错,让李云龙尽快去行动,李云龙说:"哪里还用尽快,我现在就去干。"李云龙的行动力影响了全军上下,麾下部队声名远扬。

所以,与其想太多,不如干脆利落、说做就做。很多事情,只有当你去做了,你才能战胜内心的"魔鬼",打破想太多的魔咒,从而去拥抱更真实的世界和更美好的自己。当有一天,你学会了去面对、去经历、去感受,而不是给自己的内心强"加戏"的时候,你就会发现,原来事情比你瞎想的轻松多了。

你拥有的越多,被占用的也就越多

1
这个世界从来没有无成本的占有

前两天,想起手机相册太凌乱,心血来潮便决定整理一番。然而,当手机连上电脑的那一瞬间,立马就后悔了这个决定,一共有三千多张照片,占用了10G的空间。当密密麻麻的照片出现在屏幕上的时候,我的头皮也跟着发麻了。原本以为是很简单的一件事情,可是在删与不删的纠结中、在该放进哪个主题相册的犹豫中,半天时间一下便过去了。

那一瞬间,突然无限怀念曾经的诺基亚时代。那时候,手机的功能很少,除了接打电话和偶尔无聊玩一把贪吃蛇游戏,几乎用不到它;手机的内存也很少,常常几百条短信就把空间占满了。

相应地,那时候,我们消耗在手机上的时间和精力也很少,我们可以把大量的时间花费在看书、学习和做自己喜欢的事情上,我们的眼睛不会因为看手机而疲惫，我们的脖子也不会酸。

反观现在，随着科技的发展和智能手机的迅速更新换代，手机的尺寸越来越大了、机身越来越薄了、功能越来越强大了，我们花费在手机上的时间也越来越多了，刷微博、聊微信、玩抖音、看视频、打游戏……我们的眼睛和大脑被手机占有了，我们独处的无聊消失了，我们在变得越来越离不开手机的同时，也越来越空虚寂寞，越来越不属于自己。

从表面上看，我们拥有的似乎越来越多，可是实际上，我们的时间和精力也被占有得越来越多了。不仅是手机，许多事情皆是如此。比如，总是想交更多的朋友，拥有更多的人际关系，于是把几乎所有的业余时间都浪费在聚会和饭局上，可是真正遇到困难需要帮助的时候，才发现能伸出援助之手的人并不多。

多就是少，少就是多，终其一生，我们的时间是有限的，我们的精力也是有限的，这个世界从来就没有无成本的占有，很多时候，不管是出于一时冲动，还是根深蒂固的虚荣，又或者是其他别的什么原因，当我们选择占有越来越多东西的时候，我们其实也正在增加自己被占有的比例。

2
拥有不等同于幸福

成年后，随着年纪的增长、阅历的增多，我们想要的也越来

生活宜简,不宜满

越多。于是,我们拼命工作、努力赚钱,希望自己和家人能拥有更好的物质生活。渐渐地,我们拥有的越来越多了,房子、车子、票子……可是,我们的生活却变得越来越紧张复杂,我们的内心也变得越来越疲惫、越来越不快乐。于是,我们开始怀念小时候,怀念那时的一无所有,也怀念那时的整日无忧。

占有欲似乎是人类的天性,从来到世界的那一刻起,我们便迫切地想要去拥有和抓住。而在成长的过程中,许多人又会形成这样一种错误认知,总是以为自己拥有的越多,就会越幸福。从某种程度来说,作为人类,我们总是认为对物质、对感情的占有,可以帮助我们收获更多、更持久的安全感。

遗憾的是,"安全感"本身就是非常玄妙的一个词语,它来源于我们内心的强大和富足,这种富足,并不是我们拥有什么,而是我们能给予什么。

换个角度来看,我们之所以会缺乏安全感,恰恰是因为我们内心空虚。而为了填补这种空虚,为了获得更多所谓的安全感,我们便会努力尝试去获得更多的物质和感情。遗憾的是,那些来自外界的人或物,与我们内心抽象的空虚感本身就不存在对等的关系。

这就意味着,那些暂时的拥有,以及那些弱关系的朋友圈,永远不可能给予我们持久的安全感,也并不等同于拥有幸福。

3
不想被占有最好的方法是：不占有

早在十几年前，心理学家鲍迈斯特就提出了著名的"自我损耗"理论：人每做一个选择，就会损耗心理能量；每损耗一点心理能量，其执行功能就会下降。

怎样理解这个理论呢？比如，你的手机里装有三个外卖订餐软件，这也就意味着，当你在点外卖的时候，能够进行多样化选择。这原本是**件**好事，可是，由此带来的多重选择也可能会让你陷入无所适从的状态，从而在不知不觉中消耗了很多时间和精力。

从这个理论中，我们可以得出一个重要的结论：简单，才是效率，当我们拥有越多的时候，我们被占有的也就越多，而不想被占有的最好方法，就是不去占有。

关于这一点，我们也可以从极简运动倡导者乔舒亚的观念中一探究竟。在《极简主义》一书中，乔舒亚写道："拥有不等同于幸福，其实，你拥有的东西不仅不能为生命带来幸福，更糟糕的是，它们实际上会令你分心，无法去做那些能让自己感到幸福的事情。"在多年的实践中，他已经激励世界各地数百万人通过拥有更少的物品，去享受自己更丰盛的人生。

诚然，正如有人曾说过的那样："人活到极致一定是素与简的。"通常，一个人的生活越简单，就会越纯粹，越高品质。这是

因为,他们不会被其他的事情干扰,他们可以把更多的关注点,更多的时间和精力倾注在自己感兴趣的、想做的事情上,从而更好地享受生活、回归真实的自己。

所以,当你感觉疲惫不堪和心力交瘁的时候,不妨认真审视一下你现有的生活,认真想一想,你是否拥有的太多了。要明白,生活中的每一件物品、每一个人,都在消耗着我们的时间和精力。拥有得越少,我们才能拥有越多的时间和精力去做自己真正想做的事情;拥有得越少,我们才会拥有越少的压力、焦虑和比较,我们的生命才会更轻盈。

生活难免苟且，学会与自己和解

1
不是每个人都能活成自己想要的样子

闺蜜燕子在参加了一场同学会后，整个人便成了霜打的茄子。燕子毕业那年，正赶上经济危机来袭，就业压力大，工作难找。于是，许多同学"知难而退"，选择了继续考研或者考公务员。

而倔强的燕子却没有这样做，她始终觉得，单调乏味的体制内盛不下她满腔的热情和浪漫。于是，她选择了"迎难而上"，去到喜欢的城市，找了一份文艺的工作，甚至，还暗中嗤笑过那些向往安稳铁饭碗的"傻子"没有诗和远方。

然而，十年过去了，她却并没有活成自己想象中的精致高雅。在人才济济的大城市，她过着辛苦而忙碌的生活，虽然收入不错，但扣除租房、吃饭、旅游的费用后，并没有多少盈余。

　　几年后,她认识了之前的老乡、后来的丈夫小余,两个背井离乡的人揣着两颗渴求温暖的心很快走到了一起。婚后,他们依然选择在大城市打拼,有了孩子后,眼看着在大城市买房无望,这才决定带着孩子一起回归家乡小城,一家人过安稳的生活。

　　也正是这次回归,才有了这场以为她"接风"为由头的、让她倍感失落的聚会。饭桌上,她发现曾经被自己嗤之以鼻的体制内的同学们,大多有了安稳的生活、不错的社会地位;而那些曾经削尖脑袋进入国企的同学,也大多升职加薪,跻身公司中层。反观她自己,为了所谓的安稳,从大城市落荒而逃,最终选择了曾经最讨厌的模样。

　　聚会结束后,燕子踢掉高跟鞋,坐在沙发上无声地流下了眼泪。她所有的浪漫骄傲,她曾经引以为傲的文艺细胞,都被聚会上无声的对比给狠狠鞭笞了一遍,让她隐隐作痛。

　　燕子说,这不是她想要的生活,也和她曾经的预设相差甚远,她没有活成自己喜欢的样子,只是活成了世俗该有的样子。

　　我不知道该怎样安慰燕子,只是突然想到了许多年前在采访一位智慧通透的企业家时曾听到的一句话:"每个人的心中都住着一个理想的自己,但是大部分人都没有活成自己喜欢的样子。你没有活成自己喜欢的样子,这并不丢脸。"

　　道理很浅显,只是明白的人却不多,人生就是这样,并不是每个人都能活成想要的样子。比起总是爱追逐虚妄的理想,比起执着于无法实现的东西，比起因为看似和他人有了差距而不甘和焦虑，或许，我们更应该做的是努力过好每一天。

2
没活成想象的样子，是常态

当代社会，焦虑好像成了一种普遍的现象，各类社交网站上贩卖焦虑、制造恐慌的爆款文章层出不穷，比如，《马上出生的二〇后看九〇后，就像九〇后看六〇后》《青年危机：你离头秃还有多远》《摩拜创始人胡玮炜套现15亿，你的同龄人正在抛弃你》……

此类文章，加工放大个例，引导错位的价值取向。而它的受众也有普遍的特点：急躁、焦虑，且不喜欢思考。

时刻追逐网络热点加入讨论，生怕落后话题；室友泡图书馆，自己也开始占座；朋友取得了理想的Offer，便开始着急到底是求职还是考研……他们总是以他人为范本，害怕自己跟不上脚步，却基本不会去思考：我生活的方式是否有问题？效率和成果是否不成正比？价值取向是否过于单一？

曾经，我也差点成了这样的人。那是高中的时候，我对班上的一个学霸产生了好感，为了追赶他的脚步，让自己也修炼成学霸，于是，我拼了命的学习：熬夜到深夜12点刷题，清晨5点又爬起来背书，每天的睡眠时间只有4个多小时。

生活宜简，不宜满

就这样一个多月过去了，我的成绩没见长进，身体却越熬越差，记忆力下降得厉害，每天都浑浑噩噩的，才赶紧结束了这种学习方式。那时的我仿佛行走在高空的绳索上，每天紧绷神经，一不留神就会栽下去，而我身边的同学都按照健康的生物钟去学习，张弛有度。

生活必然会带来落差和失败，有人急于求成，有人萎靡不振，外界的打击，内心的沮丧，每个人都体验过。最重要的是，我们要看淡并接受这种落差和失败，学会与自己和解。

毕竟这个世界上，出生在富裕之家的、拥有极高天赋的、能力超级强的，都是极少数人，我们没有达到自己想成为的模样，是非常正常的事。

你我皆凡人，与其沉浸幻想，不如脚踏实地，做好自己。

3

生活难免苟且，最重要的是学会与自己和解

每个人年少时都做过伟大的梦，想成为科学家，想在青年时候就做出一番惊天动地的事业，想在人类历史上留下自己的名字……但现实很残酷，真正实现这些梦想的人寥寥无几。

电影《碧海更深》的男主角良多大半生碌碌无为，想从事写作，自己却是个不入流的作家；想有一个温暖的家，自己却已经离婚多年；想拥有一套房子，至今却还赖在母亲家。满腹牢骚，自视清高的他在醉酒后问自己："我到底哪里出了问题？""为什么我不能活成我想象的样子？"

外界的坎坷是良多失意的部分原因，更重要的是他自己的逃避和颓丧，只在口头上抱怨，不敢去行动。

我想很多人都可以在良多身上看到自己的影子：前一晚计划好明天早起做早饭，第二天还是闹钟响了三遍依然不愿起床；周末规划得满满的，但实际却在被窝中躺了两天；健身房的卡只用了几次，想学习的书丢在桌上再也没有翻开过。这样的自己，又怎么能让他人产生认同感？认同感是靠漫长的改变换来的，是可以看见的成长。

相比于男主角颓丧的观感，男主角的妈妈淑子则与他完全相反，生活虽然简朴，但仍然每周去听一次音乐会；家中虽不宽裕，但省吃俭用的她仍然送外孙女去学习花样滑冰。漫长的岁月里，她用温柔和耐心与自己真正和解。

淑子的生活就像最平常的烹饪，把简单的材料耐心地熬煮，历经悠悠岁月沉淀出香气，这其中的酸甜苦辣，都是品尝过的滋味，到了那个时候，是否有活出自己当初设想的模样已经不重要了，当经历过社会的磨炼和捶打，仍然不失本心，用真实的态度对待生活，哪怕生活苟且、理想蒙尘，也依然是活得自在潇洒。

人生其实很简单，不追逐虚妄的理想，不执着于逝去的光阴，过好每一天就是最大的幸福。

第 4 章

人生这件事，根本没有标准答案

犹如一千个读者心中有一千个哈姆雷特一样，一千个人也会活出一千种人生。这意味着，人生这件事，根本没有标准答案。如果一定要给多彩的人生框定准则的话，那就是仅有一次的宝贵人生，一定要简单开心地过、酣畅淋漓地活。

财多累人，欲多累心，情多大都不安宁

1

财多累人，适当的时候，让自己慢下来

前两天和一位创业的朋友聊天，她说最近太累了，要开发新的产品线，已经连着好几个月每天只睡四五个小时。

我问她："是之前的产品线做得不好吗？为什么要这么辛苦的在人手不够的情况下开辟新的产品线呢？"

她抿了一小口咖啡说："还不是想多挣点钱，这才决定多开发一条产品线。"

我沉默了一会，劝她说："钱很重要，生活也重要啊！钱够花就行，别太为难自己了。"

朋友却摇着头轻叹了一口气说："道理我都懂，可谁不想赚得更多一点呢？"

聊到这里，话题似乎已经凝固了，我们谁也没有再说话，沉

默着喝了一会儿咖啡,便告别离开了。

我的这位朋友是一位典型的女强人,在很多事情上,我们其实都很合拍,比如,我们同样自律、同样努力、同样爽快……只是在对待生活的态度和赚钱的态度上,我们始终存在着巨大的分歧。

在我看来,财多累人,够花就行,比起挣钱,好好经营生活更重要。所以,我会在努力工作的同时,留出适当的时间给自己和家人。而我的这位朋友却笃定地认为,经济基础决定上层建筑,钱不怕多,越多越好。所以,这些年,她几乎将所有的时间和精力都花在了挣钱上。结婚的时候,三天婚假硬是被她压缩成了一天;生孩子的前一天,她还在工厂里忙碌着;孩子三个月大,她就狠心断了奶,让孩子跟着父母回了老家……

她就像一个忙碌的陀螺,不停地工作着、奋斗着,没有休息时间,也鲜少陪伴家人和孩子,吃饭不是在酒店,就是点外卖。当然,她的努力和忙碌也为她带来了丰厚的物质回报。然而,随着房子越住越大、车子越开越好,她遭遇的烦恼也越来越多:丈夫埋怨她忽视家庭,夫妻感情越来越淡漠了;父母埋怨她认钱不认人,孩子一丢就不管了,过年都不肯在家多待几天;孩子和她感情淡漠,除了要钱,几乎就没主动打过电话。

为此,朋友不止一次地委屈得落泪。在她看来,她之所以这么拼命地工作,就是为了多赚点钱,给家人更好的生活,然而,家人却丝毫不理解她。

望着刚三十出头就憔悴不堪的她，我很心疼，也很想告诉她，我们赚钱的目的是更好地生活，但倘若因为赚钱，我们封闭了自己、疏离了亲情、丢失了生活的色彩和乐趣，那么，最好的生活又从何谈起呢？

曾经看过这样一个小故事：一对夫妇在海边买了一套别墅，两个人的工作非常忙碌，于是请了保姆。夫妻俩总是早出晚归，而保姆每天早上干完所有的家务，下午就坐在面朝大海的阳台上，悠闲地喝着下午茶。

不可否认，钱很重要，没有钱，我们可能会忍饥挨饿、风餐露宿。但钱永远不可能成为生活的全部，它不能为我们带来健康的身体，也不能为我们带来愉悦的心情，更不可能为我们带来珍贵的感情。在这世界上，永远有太多的东西，比钱更重要，也更值得我们努力追寻。

财多累人，欲多累心，情多大都不安宁，我很想对那位朋友说，你的家人其实真的不在乎你挣多挣少。比起丰富的玩具，孩子更需要的可能是妈妈的陪伴；比起豪车和豪宅，丈夫更需要的可能是妻子灿烂的微笑和温暖的拥抱；比起昂贵的保健品，父母更需要的可能是你常回家看看。

所以，不妨把自己从辛苦中解脱出来吧，适当的时候，让自己慢下来，寻找生活的乐趣，体验生活的美好，回归生活的纯粹。

2

欲多累心,不要被高阶的欲望毁掉了平淡的生活

曾经看过这样一则寓言故事:

一个商人到海边对一个渔夫说:"你可以多买几条船,这样你就可以抓到更多的鱼了。"

渔夫问:"我要那么多鱼干什么?"

商人说:"鱼多了,你挣的钱就多了,然后,你可以用挣的钱,再多买几条船,这样就能抓更多的鱼。"

渔夫又问:"然后呢?"

商人有些气急败坏地说:"然后就可以挣更多钱。挣了好多钱以后,你就可以躺在沙滩上什么都不做,悠闲的晒太阳了啊。"

渔夫这才懒洋洋地说:"我现在每天下午不都是这样过的吗?"

这个故事告诉我们,其实生活已经赋予了我们很多,只是欲望让我们对拥有的一切视而不见。很多时候,并不是我们拥有的太少,而是我们想要的太多,于是,我们便在不知不觉中忽视了生活本身,而被物质欲望牵着走了。就像一位思想家曾说过的那样:"欲望就像是一条锁链,一个牵着一个,永远都不能满足,贪欲者往往被财欲、物欲、色欲、权欲等迷住心窍,攫取无度,终致纵欲成祸,殃及一生。"

拥有了平稳安定的生活后，又觉得生活缺少色彩和激情；游遍了国内的美景后，又想要周游世界；有了自己的房子、车子和票子后，又嫌弃房子不够大、车子不够豪华、票子不够多……人的欲望是无限的，无论在人生的哪个阶段，我们总是会生出更高阶的欲望，总是试图去拥有更多，抓住更多。

这种欲望就像是一个怎么填都填不满的巨大黑洞，能够轻而易举地蒙蔽我们的双眼，混淆我们的心智，将我们吞噬，让我们变得痛苦而焦躁，并且失掉了内心的平和稳定。

想要追求更好的生活本身是没有错的，只是，财多累人，欲多累心，情多大都不安宁，这种"更好"一定不能建立在欲望的无穷无尽之上。从本质上来说，最好的生活不是我们住上了更大的房子，有了更贵的车子，有着花不完的钱，也绝不是让我们的物质欲望得到了极大的满足，而是我们发自内心地感觉到满足而快乐。

房子再大，睡觉也只需一张床；车子再豪华，也只是为了将我们送达目的地；钱挣得再多，也注定生不带来死不带去。欲望越强，生活就越痛苦、越不幸；欲望越小，人生就越幸福、越快乐。

所以，要追求人生的小确幸，就必须坚守珍贵的平常心，淡泊明志、于利不趋、于色不近、于失不馁、于得不骄，只有当我们学会了珍惜和知足的时候，我们才能得到更多的安然和快乐。

3
清心寡欲,未必不是一种更极致的幸福

《小窗幽记》里写道:"清闲无事,坐卧随心,虽粗衣淡饭,但觉一尘不淡;忧患缠身,繁扰奔忙,虽锦衣厚味,亦觉万状苦愁。"

意思是说,清闲自在,坐卧随心,虽然粗衣淡饭只觉得一尘不染。忧患缠身繁劳奔走,虽然锦衣美味,也觉得有万般的烦恼忧愁。这寥寥数语描绘的生活哲学深得我心。

人生在世,最好的境界,其实就是这种清闲随心的状态。正所谓"不必有求于人谓之富,不必俯首于人谓之贵",在这种状态下,你不会为日常俗事而不安,也不会因鸡毛蒜皮而心累,即便是身着布衣、粗茶淡饭,你也会感觉快乐、舒适。

相反地,如果你脱离这种状态,欲望过多、所求过多,那么,你即便每日锦衣玉食,也依然会患得患失、烦恼缠身、痛苦万分。

在现实的生活中,我们常常会看到许多人把家财万贯、锦衣玉食和人生享乐作为毕生的心愿和追求,认为万人之上才是最大的富贵。殊不知,这种过于看重外界之物的做法本身就是背离生活初衷的。不可否认的是,在如今这个浮躁的世界,物质的富足、权力的彰显,的确能在某种程度上让我们感觉快乐和满足,然而,穿越浮躁的迷雾,回归生活的初始,真正能够带给我们快乐的,还是坚持本真的自我。

从这个角度来说，人生最宝贵的财富和最极致的幸福，就是怀揣一颗平常心，过清心寡欲的生活。

明朝的洪应明认为，佛家的"六根清净、四大皆空"，其实就是告诉人们要豁达淡泊，降低欲望，把生活中的是非成败看得淡一些，从而让生活的快乐多一些。而只有当人真正做到了静观世事、身在局中却心在局外的时候，才能更客观地对待生活，不被外界所累。

在《菜根谭》里洪应明这样写道："此身常放在闲处，荣辱得失谁能差遣我；此心常安在静中，是非利害谁能瞒昧我。"也就是说，置身在悠闲的环境中，对荣华富贵与成败得失就会看得很淡；只要自己的心灵保持安宁和平静，就会将人世的是非曲直看得清楚。不得不说，这的确是人生的最高智慧。

如今，随着社会竞争越来越激烈，随着人际关系越来越复杂，也让越来越多的人感觉到生活的压抑，过得不开心。面对这种情况，与其在名利场中横冲直撞，不如换个思路，放缓自己的脚步，重新审视自己的内心、调节自己的心境，给灵魂一份清心寡欲，还生活一份简单纯粹，让自己远离欲望的黑洞。到那时，你就会发现获得快乐原来是如此简单的一件事情。

要明白，人生的幸福是多种多样的，衡量幸福与否的重要条件，并不是物质的拥有和外界的一切，而仅仅只是我们自己的感受。

慢下来,等一等自己的灵魂

1
人生是慢的艺术

《艺术人生》栏目曾经做过一次周润发的专访,记得当时,主持人朱军特意问到了周润发的成功秘笈。面对这个问题,周润发从容地回答说:"与太阳保持一样的作息时间。"

事实上,周润发在这里强调的,就是一种从容淡定的慢生活。

约翰·列侬曾经说过:"当我们正在为生活疲于奔命的时候,生活已经离我们远去。"这句话,其实也是对疲于生活的我们最好的诠释。

的确,如今,随着生活节奏的加快和生活压力的增大,不知不觉中,"匆匆"已成为我们生活的主旋律,我们每个人,则变成了生活机器上的一个个小零件,被磨掉所有的棱角,变得浑圆剔透,一刻不停地转动着,得不到片刻的喘息,而一旦试图停下,就会被离心力远远地甩到外面，脱离生活的轨迹。

这种忙碌，让我们粗暴地背离了生活的初衷和内心的宁静，于是我们渐渐地迷失了方向、丢掉了健康、失去了理想，只剩下麻木的表情、痛苦的内心和凌乱的脚步。

只是，这种风风火火、披星戴月的忙碌生活，又有几人是真心热爱的呢？大多数人，不过就像章鱼一般，因为被潮水裹挟着，所以不得不拼命抓住眼前的一切，多爪地伸向房子、车子、钱……

曾经看过这样一则墨西哥寓言：

一群人急匆匆地赶路，突然，一个人停了下来，旁边的人很奇怪地问他："你为什么不走了呢？"停下的人笑着说："因为走得太快，灵魂落在了后面，我要等等它。"

无独有偶，我们的先辈们，其实也通过造字告诉了我们同样的道理：把"忙"字拆开看，它又可以变成"心"和"亡"。拟从本质上来说，忙，其实意味着一种心亡。

问题是，如果"心"都"亡"了，我们的人生，又还有什么意义呢？从这个角度来说，闲适是人类最基本的需求之一。生活是慢的艺术，在纷繁忙碌的人世间，与其行色匆匆地奔跑在城市的钢筋水泥丛林中，不妨让自己慢一点，再慢一点，适当地放松你紧绷的神经，不牵强附会、不世俗追风、不矫揉造作、不显山露水，让生活呈现出细致、从容、优雅、智慧、练达、朴素、大气的品性……

生活宜简,不宜满

当你以一种悠缓、恬静的心态面对生活时,你会发现,快乐原来如此简单,幸福原来这么近。

当然,慢并不意味着懒散、放纵,更不等同于停滞不前和得过且过。它强调的是要在生活和工作中找到一个最合适的平衡点,掌握自己的生命节奏,用最适合自己的舒适步伐,丈量出最高效、最有品质的人生,让疲惫的身心得到最大限度的休息和放松,不断提高自己的幸福感。

从本质上来说,所谓的慢生活,其实就是让我们学会做一个负责任的"懒人"。

2
放缓脚步,看看风景再赶路

曾几何时,人类的生活也曾诗情画意、意境悠远。在那个"从前的日色变得慢,车、马、邮件都慢"的远古时代,我们的先辈们,也曾体会过"明月松间照,清泉石上流"的恬静淡雅和"日长篱落无人过,惟有蜻蜓蛱蝶飞"的闲适清幽,以及"赏花归去马如飞,去马如飞酒力微,酒力微醒时已暮,醒时已暮赏花归"的悠闲自在。

只是,在光阴的流转和四季的更迭中,这份慢下来的闲情逸致,早已碾碎在历史的车辙里,取而代之的是每日的奔波忙碌。

如今,随着生活节奏的日益加快和生活压力的与日俱增,我们的双脚,仿佛被安装上了弹簧一般。每日,我们行色匆匆地穿梭于钢筋混凝土铸成的高楼大厦之间,为了工作、为了理想、为了爱情,也为了人生而努力打拼,片刻也不敢停留。仿佛一慢下来,就会被他人追赶、被生活抛弃。

在这种忙碌中,我们渐渐把自己活成了麻木的机器人,我们来不及去思考,也不想去思考,这样的自己,究竟是否快乐?

曾经在杂志上看过这样一个故事:

有一个木制的车轮,很不幸地被人砍下了一角。车轮很伤心,于是,它决定去远足,寻找一块合适的木块填补自己,让自己重新变得完整。

在漫长的长途跋涉中,车轮走得很慢,这也让它有足够的时间欣赏眼前的风景:绵延的远山、苍翠的树木、蜿蜒的河流、盛开的鲜花……走累了的时候,车轮就会停下来,躺在柔软的草地上听风的吟唱和鸟的低语,车轮觉得,一切都是那么美好。

后来,走了很多地方的车轮终于找到了一块合适的木块,于是,它重新变成了一个完整的车轮。它很高兴,觉得自己终于圆满了。然而,当它把木块装上的那一刻起,它却后悔了。原来,完整的它每日都只能被动向前,再也看不到美丽的风景、听不到动人的歌声了。

车轮很痛苦,也终于领悟到,一旦走得太快,就会错失很多东西。

生活宜简，不宜满

在现实的生活中，许多人总是会感觉心累、身倦、人疲惫。归根结底，这种累，其实并不是生活本身带来的，而是因为我们就像那个完整的车轮一样，一刻不得闲地奔跑着、忙碌着，忘了让自己停下来，好好看一看周围的美景，感受生活的简单和快乐。

记得曾经看过这样一句广告语："人生就像一场旅行，不必在乎目的地，在乎的是沿途的风景，以及看风景的心情。"的确，人生漫漫，那些沿途的风景，才是能够将我们的生命点亮，让我们拥有美好记忆和灿烂心情的快乐音符。

所以，不要再自顾自地赶路了，不要再让自己的生活，被忙碌和琐碎填满了，适当的时候，清空自己，放缓脚步，让自己慢下来吧。当你学会享受悠闲，享受过程，欣赏岁月的沉淀和时间的幽深时；当你选择停留片刻，看看风景再上路时，你会发现，你的状态和心境已经变得完全不一样了。

3
凡事有度，你要学会停下来

曾经看过这样一则寓言故事：

上帝在造人的时候，分别造了三种截然不同的人。

有一天，他问这三种人："我打算给你们生命，但你们打算怎样对待它呢？"

第一种人回答道："我会珍惜这来之不易的生命，远离劳累与奔波,最大限度地享受生活,一定要把每一天都用享乐填满,这样才不会辜负生命!"

第二种人回答道:"我将把责任视为生命的全部,尽自己最大的努力学习、工作,把我所有的力量都奉献给他人与社会,直到生命的最后一秒!"

第三种人回答道:"生命是宝贵的,我一定不会辜负您的美意,我将用一半的时间来工作,回馈社会与身边的亲友;还要用一半的时间享受人生的欢乐,领略人世间的美好。"

听完三种人的回答,上帝对第三种人对待生命的态度尤其满意,于是,他便决定再多造一些……

这则短小的寓言故事告诉我们:我们应该将"享受"作为自己生命的一部分,适当的时候,要学会慢下来,等一等自己的灵魂,而不是一味地将自己奉献一空。因为只有当我们这样做的时候,我们的身心才会达到一种协调状态,既不会太累,也不会一事无成。

快快快!冲冲冲!如今,在社会环境的影响下,在压力的指引下,我们总是习惯于将自己活成冲锋陷阵的战士,仿佛一停下来、一慢下来,就会被身后的敌人追赶、刺杀。于是,我们发现,总是有做不完的工作在等着我们,总是有办不完的事情在催促我们。慢慢地,我们的身体变得越来越累,我们的心也变得越来越疲惫……

生活宜简,不宜满

其实,在这个忙碌的过程中,大部分人都忽略了这样一个事实:工作和事情本身就是做不完的,很多时候,当你选择了连轴运转的时候,你的工作效率可能会比停下来歇一歇再轻松上阵更低。毕竟,人不是机器,适当的放松和休息,本身就是一种充电。

上了发条的钟表不可能永远嘀嘀嗒嗒走个不停;加足汽油的汽车也不可能永远马力十足向前狂奔;长久被压的弹簧更不可能一直保持弹性……万事万物都有一个承受的限度,一旦超过这个限度,就会失去最佳状态,有时甚至永远失去最佳状态。

更何况,我们的使命远远不止工作那么简单,我们还需要去感悟生活的美好和感知世界的美妙。

所以,适当的时候,要学会停下来,清空自己再上路。只有当我们学会了劳逸结合、张弛有度的时候,我们的人生,才能谱写出更优美、更动人的旋律。

所谓的人生赢家,不过是尽力做一个忠于自我的人

1
最好的爱情状态,一定是彼此忠于自己

表妹薇薇喜欢上了一个男孩,最近,我们的交流话题几乎都围绕着这个男孩。

一起逛街时,薇薇会一边试穿衣服一边认真地问我:"你说他会不会喜欢我穿这种风格?"

一起去吃饭,薇薇会不停地念叨:"我们去吃点清淡的吧,他好像不喜欢吃辣,我也不想吃了。"

薇薇的改变,我几乎全看在眼里:原本大大咧咧、不拘小节的她,突然就变得多愁善感了,动不动就否定自己,问我是不是男生都喜欢文静的姑娘;明明喜欢休闲装扮,可为了显得更女人,突然就穿裙子了;明明不喜欢灰色,听说男孩偏爱,便买了很多灰色的东西;每次给男孩发微信,都要反复掂量、仔细思考,挑他喜欢

的话题，迎合他的口味，然后才小心翼翼地发出去……

我有点哭笑不得，也有点生气，便以过来人的身份"告诫"她："喜欢一个人，并不意味着要改变自己。如果他喜欢改变后的你，而不是原本的你，那这种喜欢，也不会长久。归根结底，忠于自己才最重要。在这个世界上，没有任何一个人值得你为他连你自己都不要了。"

其实在生活中，像薇薇这样的女孩还有很多，所以我们常常会听到这样的对话：

"你觉得我哪里不好，我可以改。"

"你喜欢什么类型的女孩？我可以朝着这个方向努力啊！"

"你希望我变成什么样子？你要告诉我呀。"

每次听到这样的对话桥段，我都特别不理解，为什么喜欢上一个人，就一定要让自己低到尘埃里？又是怎样的深情，能够让一个人连自己都不要了，而一味地妥协，变成对方喜欢的样子？

要知道，当对方不喜欢你的时候，无论你怎么做，他都不会喜欢你，即便是后来对你的态度有所转变，他感兴趣的，也一定不是真实的你。只有当对方本身喜欢的就是你原本的模样时，这样的感情，才是真实稳固的。换言之，在爱情中，最后的赢家一定是那些不妥协、不粉饰，努力去忠于自己的人。

后来，在我的鼓励下，薇薇选择了勇敢地向男孩表明心迹。那天，当薇薇的告白信息发出去后，男孩很快就回复了："你为我做的很多改变，我都知道，其实你不用为我做这么多。因为我更喜欢你原本的样子，那个率真自然的你。"

如今，薇薇和男孩已经幸福地走到了一起，而她也重新变回了从前我熟悉的样子。事后，薇薇曾感慨地说，幸亏当初"悬崖勒马"，做回了自己，否则这段感情可能还没开始就结束了。

这件事让我十分感慨，我想，虽然过程曲折，但好在结局是美好的。只是，在现实的生活中，又有几个人能和薇薇一样幸运呢？面临同样的情况，大概大多数人的结局都是"也许你真的为我做了好多，但是我真的不喜欢你"吧。

爱情原本就是件简单而纯粹的事情，只是大多数时候，我们人为地为它赋予了太多新的含义，比如取悦、妥协、改变，从而让它变得复杂了。

我始终认为，最好的爱情状态，一定是彼此忠于自己，爱对方的优点，也接受对方的缺点，而不是一方为了另一方，隐忍妥协、改变取悦。

2
在体面稳定与忠于自己之间，我的选择永远是后者

忠于自己，并不仅仅只是爱情的原则，也是我们做一切事情的重要原则。

当年刚从深圳回来的时候，我曾有过一段短暂的在电视台工

作当记者的经历。那时候,几乎所有的亲戚朋友都为我找到了一份体面又稳定的工作而高兴。我的父母格外高兴,觉得倍儿有面子。在他们的认知里,又是铁饭碗,又能采访大领导,这个职业是非常有发展前途的。

当然,我最初选择这个工作的时候,并不是看中了它的稳定,也绝非贪图面子,仅仅只是单纯的喜欢文字、喜欢记者这个职业,希望能够用手中的话筒为社会发声。所以,进入电视台的时候,年轻的我也曾抱着"要成为像柴静那样的记者"的愿景,斗志昂扬。

但很快我的激情被现实浇灭了。熟悉了电视台的工作环境后,我才发现,原来我理解中的记者和现实的记者并不是一回事。因为大多数时候,我们所谓的采访,其实并没有多少自由发挥的空间——毕竟每个行业都有自己的潜规则。于是,我不得不重新审视我的工作,内心也开始有了动摇。

经过深思熟虑后,我果断地提交了辞职信。当我把辞职的消息打电话告诉父母后,意料之中的,我得到了家里人的一致"讨伐",父母在电话里轮番上阵,责备我的鲁莽和"不懂事"。

在接近两个小时的通话中,我始终沉默着,末了,才委屈地替自己分辩了一句:"工作再好,可是我不喜欢,又如何能坚持下去呢?"

我讨厌这份看似体面实则卑微,而且能改变人"三观"的工作——我怕自己工作久了，灵魂变得不再干净。并且，这样一份工作，其实并不适合我。我并不是一个善于和他人打交道的人，可这份工作每天却不得不接触各种各样的人，处理突如其来的各种状况。也许有的人已经混成了"人精"，灵巧地周旋于各种人之间，可我却无法改变自己。

所以，既然它已经违背了我工作的初衷，既然它已经给我的生活带来了烦恼，那么即便它再好，和我又有什么关系呢？

站在父母的角度，他们的想法并没有错，因为这个工作确实算得上体面，不但工资丰厚，也能接触到不同领域的精英人士，增长见识。

但是，这并不是我想要的，我始终认为，在现实的生活中，不管面临怎样的境况，只有当我们充分聆听了自己内心的声音后再笃定地踏出第一步时，我们才能真正找到最舒服的状态，并且最有效地避免未来可能会遭遇的烦恼，不给自己的人生留下遗憾。

所以，在体面稳定与忠于自己间，我的选择永远是后者。

3
忠于自我，让我成了自己的人生赢家

电视台事件告一段落后，父母见木已成舟，便也放下了，只是偶尔谈论起来的时候，他们依然会恨铁不成钢。那时，他们把重心又放在了苦口婆心地劝我重新找一份稳定工作上，比如，考事业

单位,或者公务员。

其实,我很理解父母的良苦用心,只是这一次,我依然没有听从他们的劝解和安排,而是出乎他们意料地做出了一个大胆决定——做自由撰稿人。

可想而知,当得知这一消息后,我面临的又是一阵暴风骤雨。而且这一次,不仅是父母,连带着三姑六姨和朋友、闺蜜都一起来劝我。在他们看来,自由撰稿人是一个很抽象,甚至不真实的职业。用父母劝我的话来说,就是"东一榔头西一棒槌",不足以带给我一辈子的安稳。再说,如今随着网络的普及,那些业余写文章的人太多了,即使高中生都能写文章发布,所以,写文章当个爱好不错,用以谋生就没有必要了。

可是,我一点儿也没有犹豫,也没有丝毫的后悔。因为我知道,那就是我想做的、并且能给我带来最大满足和最简单快乐的事情。很多时候,我们之所以活得辛苦,就是因为我们习惯了在做任何事情的时候,都在第一时间去权衡利弊。而我不愿意成为那样的人,在我的认知里,生活本身就是一件很简单的事情。我衡量要不要做一件事情的标准也很简单,那就是我喜不喜欢,能不能给我带来快乐,并且让我得到成长。所以,我选择忠于自我。

从另一个角度来说,在这个世界上,没有人比我更了解我适合做什么,也没有人比我更清楚我喜欢做什么,所以,比起让别人的想法来左右我的人生,我更愿意忠于自己。因为只有当我这样做的时候，我觉得我才能收获最简单的快乐和最笃定的安稳。

正如黑塞所言："对每个人而言，真正的职责只有一个——找到自我，然后在心中坚守其一生，全心全意，永不停息。所有其他的路都是不完整的，是人的逃避方式，是对大众理想的懦弱回归，是随波逐流，是对内心的恐惧。"

如今，我成为职业撰稿人已经许久了，这份工作不仅达成了我养家糊口的目标，也给予了我最简单的快乐，成就了更睿智、更丰盈的自己。每当回顾自己这一路的成长，我都特别感谢那个当初选择了坚持和忠于自我的自己，因为正是得益于这份坚守，我才成为自己的人生赢家。

生活宜简,
不宜满

人生不需要太多的行李,也无须过分的装饰

1
简练人生自芬芳

有一段时间,我对烹饪十分感兴趣,特意请朋友引荐认识了一位颇具实力的星级厨师。在和厨师交流的过程中,他告诉了我一个做菜的诀窍——好厨师一把盐。厨师说,做菜其实最讲究的就是盐的分量,如果盐放得恰到好处,那么无须多余的调料,就能烧出好味道。

厨师的话,让我记忆深刻。我反反复复玩味这几句话,越想越觉得精辟。我发现,这句话道出的不仅是做菜的诀窍,更是做人的哲学:人生如做菜,当我们仅仅以一种最基础、最朴素的方式去经营生活的时候,我们便能独享一份最宝贵、最真实的逍遥真味。

记得《三国演义》里曾写到,曹操最初对于战胜强大的对手袁绍心里很没底。当时,谋士郭嘉纵论兵事,提出了"曹操十胜",其中,很重要的一条就是:"绍繁礼多仪,公体任自然,此道胜也。"用白话文来翻译,郭嘉的意思就是,袁绍喜欢繁文缛节,人生礼数、法制太多,不够灵活,而曹操简洁自然,没有很多负累。

后来的战争结果证明,与郭嘉所言完全吻合,曹操果然完胜袁绍。在书中,罗贯中还渲染了这样一处值得玩味的细节:在丢弃的官渡大营,袁绍的营帐里竟然发现了许多字画、古玩、金石和玉器。这也从侧面说明了一贯以风雅自诩的袁绍带着这些东西打仗,注定必输无疑。

正所谓大道至简,简才是制胜的法则。很多时候,过多的行李和过分的装饰,往往正是我们人生的拖累。相反,当我们选择抛弃多余的负荷,轻装上阵,往往更容易有收获。

大钢琴家霍洛维茨曾经感慨道:"我用了一生的努力,才明白朴素原来最有力量。"听过霍洛维茨演奏的人都评价说,他的演奏是极其节制的,几乎没有多余的动作与表情,也不需要任何的花哨与噱头。然而就是这种简约的力量,才最直击人心。在他的演奏会上,常常有观众听着听着就情不自禁地泪流满面,那些宛如从他灵魂深处流淌出来的、承载着他心声的音乐,总是能轻而易举地引发共鸣。

曾经看过这样一个故事:

英国一位74岁的老人做了大半辈子的园丁,清贫一生的他,却在晚年的时候中了2500万英镑的彩票大奖。许多人都羡慕老人的

好运气,而老人自己却十分淡然。

在老人中奖后,有人曾问他:"这些钱准备怎么花呢?"

老人的答案却出乎所有人的意料:"我要用部分奖金雇一位胡萝卜种植专家,跟他学习种胡萝卜。"

对于一位大半辈子与植物为伴的老人而言,在自己家的园子里种胡萝卜,远比住高级别墅、吃山珍海味更快乐,就犹如明媚的阳光和清新的空气一般。从这个朴素的愿望之中,我们可以清晰地窥探到老人对生活的热爱和内心的平静。或许,这便是老人用一辈子时光积淀下的宝贵财富。

从本质上来说,人是有享受素简的天性的。这也就意味着,我们的人生,其实不需要过多的行李,也无须过分的装饰,正如做一道好菜只需要适量的盐一样,经营一个幸福的人生,也只需要阳光、空气、健康和很好的睡眠等这些最基本的元素。

2
人活到极致,一定是简与素

有人问哲学家梭罗:"你一生所追求的是什么?"关于这个问题,他在《瓦尔登湖》一书中给出了答案:"把一切不属于生命的内容剔除得干净利落,简化成最基本的形式,简单,简单,再简单。"

这是梭罗总结得出的最朴素的人生智慧。其实,如果你认真观察生活,就会发现,那些内心真正富足的人,一定是懂得抛开多余枷锁，挣脱多余束缚，追求简与素的智者。在他们身上，你看不到多余的行李，也找不到过分的服饰。

东坡居士苏轼被贬黄州，与泗州友人刘倩叔共游南山。朋友以蓼菜、新笋等野菜相待，苏轼品尝后，举箸慨叹："人间有味是清欢。"

纵观苏轼坎坷的一生，仕途数度起落，而在尝尽人生五味后，他却由衷地感慨"人间有味是清欢"。或许在他看来，清欢之所以好，恰恰就好在它的朴素与超然。

作家村上春树几十年如一日，保持着朴素、简单而规律的生活状态：每天五点起床，在清晨精力最好的几个小时完成最重要的工作，随后跑步和处理个人杂事，每晚雷打不动地读书或者听音乐，吃清淡的食物，穿普通的衣服，把无意义的社交时间，用在对他而言更重要的写作和稳定生活上。

从表面上看，村上春树的生活似乎单调而枯燥，而透过他的文字，我们却可以窥探到他内心的灵动和丰富。作为"小确幸"的创始人，他用自身行动告诉了我们人生真正的丰富就是简与素。

华人首富李嘉诚堪称是简朴的楷模。富可敌国的他，对物质的追求和对金钱的欲望却异常低下。他不讲究穿着，一套西服穿上十年、八年是常有的事，皮鞋坏了舍不得扔掉，直言太可惜，补补还能穿；他也不讲究吃喝，在公司的时候，常常和员工一起吃工作餐，去巡查工地，到了饭点便和建筑工人一起吃泡沫盒饭。

生活宜简,不宜满

有人曾说李嘉诚抠门,可是"小气"的他,却将巨额的财富用在了慈善上。

我们的周总理,一套睡衣睡裤穿了几十年,颜色都褪光了,依然舍不得扔掉;一条浴巾破了补,补了破,实在用不了了,还要拿来当枕巾;一双夏天穿的黄色凉皮鞋,一双春、秋、冬穿的黑皮鞋,他穿了二十多年,修补过多次,却依然坚持不换,工作人员几次给他换鞋底,都是利用他睡觉的时间修理的。

……

诚如庄子所言:"朴素而天下莫能与之争美",人活到极致,一定是简与素,它是一种最原始也最持久的力量。

穿质朴的衣服,趿舒适的鞋子,在简陋的房间读书或饮茶,有朋友来,随意地果腹,然后天上地下,海阔天空,猛侃神聊……越是能够享受简素的人,越能更通透地看清自己、更专注于自己喜欢的事,从而体味人生的真谛、享受人生的惬意。

3
素朴与简单,都是人生的最高智慧

在汉语词典里,"素"是指没有染色的布匹;"简"则是指用来记录和写字的竹片。在古代,这二者都是极寻常又极必要的物品,它们看似普通,却能够发挥巨大作用,扮演着无可替代的重要角色。

在物质日益丰富、生活日益繁华的今天，当提到"素"，人们脑海中第一时间浮现的概念大概就是"清水出芙蓉，天然去雕饰"的素朴；提到"简"，人们第一时间想到的则是丢掉烦琐，舍弃复杂的简单。毋庸置疑，不管岁月如何变迁，不管时光如何流逝，素朴与简单都是人生的最高智慧。

孙犁曾在《菜根》中写道："古人常用嚼菜根，教育后代，以为菜根不只是根本，而且也是一种学问。甜味中略带一种清苦味，其妙无穷。"素朴与简单，实际上就是这种与菜根滋味类似的东西，它代表着一种高级的生活态度，也具有抚平慌乱、褪去浮躁、让人心平气和的力量，微甜中带一些清苦，淡淡的，却令人格外回味。

如果你认真研究一下历史，就会发现，无论是陶渊明的"采菊东篱下，悠然见南山"，还是诸葛亮的"非淡泊无以明志"；无论是苏轼的"人间有味是清欢"，还是李贺的"舍南有竹堪书字，老去溪头作钓翁"。那些被后世铭记的先辈们，在费尽心机、踏破芒鞋、游历千山万水后才发现，原来比起功名利禄，人生更高的境界其实就藏在诗酒田园的简单生活里。

作家林清玄在散文集《你心柔软，却有力量》中写道："几乎是所有的白花都很香，愈是颜色艳丽的花愈是缺乏芬芳。人也是一样，愈是内在芬芳，愈是朴素单纯。"活得越简单，内心越充盈，幸福越靠近。

生活宜简,不宜满

在现实生活中,相信许多人都曾渴望过命运的波澜壮阔,期望活得轰轰烈烈,活得热热闹闹。然而当一切皈依平静之后,透过纷呈的世相,探知内在的本源,才蓦然发现,人生最曼妙的风景,从来都不是外界的热闹,而是内心的淡定与从容。

世界是真实吵闹的,也是荒诞复杂的,最重要的是,当我们学会去繁就简,就会发现,那些我们曾经以为重要的锦衣玉食,那些我们曾经追逐的功名利禄,不仅不是生命之必需,反而还是一种负担和累赘。闲看门前花开花落,漫随天外云卷云舒,何尝不是生命所需的满足;有人问你粥可温,有人与你立黄昏,又何尝不是生活所盼的温暖?

正所谓"大道至简,以简驭繁",真正的人生,不是为了走向复杂,而是为了抵达阅尽沧桑之后的简单、天真的境界,收获一颗清凉自在、安定从容、摆脱烦恼束缚的自由之心。

你的人生有限,请不要为别人而活

1
生活是自己的,不必为了他人而委曲求全

闺蜜娜娜最近很是郁闷。她和男朋友小V交往了一年多,感情稳定,前些日子刚刚见了家长。可是小V的妈妈却不喜欢她,原因是小V不会做饭,看上去又很强势,没有贤妻良母的样子。

我劝娜娜,没必要为此烦心,过好自己的日子就好,你又不是人民币,不可能让所有人都喜欢你。然而,娜娜却觉得不被长辈认可的感情是不完美的,于是,她决定投其所好,讨未来婆婆欢心。

为此,娜娜专门去报了烹饪班和西点班,每天一下班就急匆匆地赶去上课,想把自己修炼成贤妻良母的样子;周末,她和小V雷打不动地去未来婆婆家报到,洗衣服做饭,怎么殷勤怎么来;端午节、中秋节,只要单位发了福利,娜娜也统统拿去"孝敬"未来

生活宜简,不宜满

婆婆……

我认识的娜娜是一个自由精致的女孩,下班了健健身、逛逛街、看看书,隔三岔五和小姐妹邀约着聚聚会、旅旅游,小日子过得滋润而快乐。如今呢?她变成了一个风风火火学自己不擅长也不喜欢的烹饪、想尽办法去讨不喜欢自己之人欢心、失去一切自由时间的"小媳妇"。一两天还好,几个月下来,娜娜便开始叫苦不迭,觉得无比疲惫、无比辛苦。

更让娜娜心灰意冷的是,不管她如何讨好、如何改变,未来婆婆依然不喜欢她,甚至还把她的努力,当成了一种理所当然。

最终,娜娜败下了阵来,前两天一起吃饭的时候,她十分感慨地对我说:"这段时间体验了一把为别人而活的感觉,不仅没讨到别人的欢心,还差点把自己给弄丢了,真是糟透了。"

我附和着笑道:"对呀,人生短短数十载,为自己而活,才是王道啊。"

当然,这句话并非仅仅是对娜娜的敷衍和附和,也是我发自内心的感触。不可否认的是,在如今的现实的生活中,总是有许多人和娜娜一样,为他人而活、被环境所累——为了领导的一句肯定,可以连夜加班;为了朋友的一句"胖了",便拼命减肥;为了爱人的一句喜欢,就努力把自己塑造成温柔体贴的模样……

只是,在努力迁就他人的过程中,他们却忘了,在这个浮躁而繁华的社会,我们最应该做的,不是把自己伪装成他人喜欢的样子，而是褪去讨好和依赖，回归本心和纯粹，为自己而活。

诚如亦舒所言："人生短短数十载，最紧要的是满足自己，不是讨好他人。"终其一生，我们不可能做到十全十美，也不可能让所有人都满意，总会有人讨厌我们的性格，总会有人嫌弃我们的脾气，也总会有人看不惯我们、嫉妒我们、不喜欢我们。如果我们因此而否定自己、改变自己，那么，我们就会为自己增加无谓的烦恼，让自己失去最珍贵的纯粹。

一辈子很短，生活是自己的，做自己、为自己而活，比什么都重要。

2
为自己而活，才是最通透的人生法则

湖南卫视的综艺节目《我家那闺女》一度引起了广泛的讨论，而有一期Papi酱在节目中提出的观点，更是掀起了轩然大波。

她觉得人生最重要的排序应该是自己—伴侣—孩子—父母。她的理由是：自己陪伴自己的时间是最长的，之后的一生，是要和伴侣一起度过的，孩子和父母都是你只陪伴他们走一段路，剩下的路还是他们自己去走的。

这一期节目播出后，Papi酱上了热搜，很多网友都非常赞同她的言论，觉得她活得智慧而通透。当然，也有人提出了不同的观

点,认为她这样的想法太自私。

实际上,这个问题并没有标准答案来判断是非对错,排序的结果自然也会因人而异。就我个人而言,我其实是赞同Papi酱的观点的。我始终认为,应该把自己排在首位。

从责任的角度来说,只有把自己的人生过好了,我们才有能力去担负起伴侣、孩子、父母的责任,让他们拥有更好的生活。

而从随性的角度来说,如果我们把他人凌驾于自己之上,总是为别人而活,那么,我们无疑就给自己套上了沉重的枷锁,把他人的生活重量嫁接到了自己身上,把自己的幸福快乐移交到了他人手上,无法再轻松、自在地生活。

在我身边有许多人,尤其是女人,为了家庭、为了爱人、为了孩子付出了全部,遗憾的是,等孩子渐渐长大、爱人事业有成时,她们却丢了自己,过得并不快乐。我的表姐,就是其中典型的代表。

多年前,表姐曾是一家建筑企业的会计,也是在那时,她认识了做工程的表姐夫。结婚后,为了照顾孩子,也为了支持表姐夫的事业,表姐义无反顾地选择了辞职,成为一名家庭主妇。

这些年,表姐为了家庭操碎了心,因为没有后顾之忧,一心拼事业的表姐夫事业越做越大,钱也越挣越多。大家都说表姐命好,嫁了个好老公,过着锦衣玉食的生活,一生无忧。

然而,只有我知道,每到夜深人静,独守偌大空房的表姐那份无可奈何的凄苦和寂寞，以及每次闻到表姐夫身上其他女人的香水味却不敢质问的那种隐忍和憋屈。

更遗憾的是，表姐为之付出了一切的孩子，也连带着轻视表姐，把表姐的付出归结为"一个家庭妇女应尽的责任"。

当表姐无数次在电话里默默流泪时，我不是没有劝过她离婚，给自己自由，可是除了流泪与重复说一句"他说过会养我一辈子"之外，她始终鼓不起勇气。

现实生活中，像表姐一样的女人，像电视剧《我的前半生》里离婚前的罗子君一样的女人，大有人在。从她们丢掉自己，选择被圈养，选择为别人而活的那一刻起，她们便将自己活成了失去自由、失去理想和抱负的金丝鸟。

我们的生命是有限的，我们的时间和精力也是有限的，在这有限的人生里，为自己而活，大约才是最通透的人生法则和最简单的幸福公约。

3
为自己而活，不是自私，而是拯救

艾妮塔·穆札尼是一位印度裔的香港人。事业做得风生水起的她，患上了淋巴癌，病情迅速恶化，几乎夺去她的生命。后来，通过治疗她的病情慢慢好转，从死亡边缘回来的她，开始反思自己的人生，她得出了一个重要的结论：爱自己非常重要。

过去的她是个什么样的人呢?在一次演讲中她这样说道:"我以往认为爱自己是自私的,我以往认为我必须爱别人胜过爱自己。

于是我不断付出,直到自己筋疲力尽。同时,我一心想取悦别人,我不要有人不喜欢我,我要取悦所有的人,我为所有人服务,除了为我自己。"

其实艾妮塔的这番话印证了我们大部分人的人生:真的想要为自己而活,实在是太难了。

我们都不是在为自己而活,而是在为别人而活,甚至是为那些无关紧要的人而活,唯独没有为自己而活。

如果一个人无法为自己而活,无法爱自己,那么他会开心吗?一个不懂爱自己的人,怎么让别人来爱你?

很多人觉得,我们要付出爱,才能得到爱。可是事实并非这样。爱不是一件可以交换的物品,更不是一个人对另一个人的施舍。

爱是一种相互吸引,你若盛开,蝴蝶自来,你只要足够爱自己,你所散发出来的美丽,足以让别人靠近你。

查理·卓别林写过一句诗:当我真正开始爱自己,我才认识到,所有痛苦和情感的折磨,都只是提醒我——活着,不要违背自己的本心。

人们常说,人生苦短,必须性感。明明可以在自己的大片儿里做主角，为什么要跑到别人的剧本里跑龙套。

　　放下负累，畅快地为自己活一次吧，只有这样，才算不辜负这无法回头的人生。

第 5 章

谈不拢、合不来，那就自己玩

穿过岁月的迷雾，走过友情的沼泽，后来，我们才真正懂得：朋友不必太多，真心就好；圈子不必太大，干净就好。比起互相消耗，更好的友谊应该是互相促进；比起盲目强融，更好的交友原则应该是谈不拢、合不来，那就自己玩。

不要虚假的高级感

1
真正的美,不在皮囊,而在成长

不知从何时起,人们对美的定义,不再只是用"漂亮"来形容,而是赋予了其一个新的名词——高级感。

说到高级感,大家可能会想到从容淡然的俞飞鸿、清冷疏离的杜鹃、自信洒脱的王菲,电视剧《春风十里不如你》里的那个眼睛小但笑起来却很有感染力的周冬雨,以及ins风、北欧风、莫兰迪色,等等,都是高级感——简直高级得不可方物。

网络时代,高级感的出现经由发酵已普遍到泛滥,人人都追求高级感,人人都评价高级感。搭配是高级的,妆容是高级的,气质是高级的,只要一个方面符合人们对"高级"的定义,就可以自带优越感地表示自己是"高级"的。

曾几何时,我也极力地追求高级感。大学毕业,刚进入职场

时,每天上班前,我一定会精心捯饬一番,精致妆容搭配裁剪有致的包臀裙和高跟鞋,仿佛这样就能体现自己的专业素养,不至于在他人面前露怯。

有一天,我要和上司(一个持中国和美国律师牌照,毕业于耶鲁大学的大咖)一起去见客户。在出发前一晚上,我做了很多功课,准备了很长的如何与客户聊天的内容,满篇的专业术语和生僻问题堆在一起显得很是"高级"。第二天我早起两个小时,足足化了一个小时的妆,换了八套衣服后,终于选定了一套看起来颇有点"职场女强人"感觉的衣服。我自信一定能让上司和客户对我刮目相看。

上午当我和上司一起去见客户时,上司看了我几眼,一副欲言又止的样子。当时的我,把上司的眼光理解为"欣赏",心里还沾沾自喜。

在与客户沟通的过程中,客户提到了一部国产电影,恰巧我也看过,还浏览过一些影评,便接话道:"这部电影不是公认的烂片吗?"客户问我:"你觉得什么样的电影是烂片?"

我有点尴尬,支吾道:"烂片,烂片就是那种品味低级的电影吧。"

客户闻言笑了一下,说:"看电影的人爱好不一样,阳春白雪下里巴人都是看电影,哪里又去定义什么低级不低级,高级不高级呢。"

133

我语塞，一时赧然无语。

见完客户回去的路上，上司问我："你还记得你来面试时，穿的什么衣服吗？"

我回答道："一件白色连衣裙吧。"

上司说："我觉得那时的你比现在漂亮。为什么你今天要穿一身与你气质不相符的衣服？见客户时，为了表达对客户的尊重，我们是要稍微注重一下妆容和服饰，但也要与自己的身份、年龄、性格相符。比起这些'皮囊'，我更喜欢你在工作上的成长……"

那天，上司说了很多，在我为自己一味追求高级感而感到羞愧的同时，也让我彻底明白一个道理：真正的美，不在皮囊，而在成长。

2
高级感究竟是什么？

高级感既然不是好看的皮囊，那是什么呢？高级感是合适的装扮，是修养的沉淀和精神的蕴藉。

人们对于高级感总有这样一个误区，即用金钱就可以打造高级感，满身的奢侈品是高级，浑身金银珠宝是高级，用潮流的产品是高级。这样的人简单粗暴地将高级感和"有钱"混为一谈。事实上，钱再多不一定能穿出自己的特色，奢侈不一定就是高级，也可能是庸俗。

真正的高级感是穿着得体、舒服，是对品质的追求和把握，更关乎内涵和精神。

高级感是听从本心，拥有独立的思维和价值观

在生活中，我们经常会不经意间陷入一种"鄙视链"的怪圈。以娱乐为例，比如热爱美剧的人觉得美剧烧脑，有智商、谋略，鄙视喜欢韩剧或国产剧的人幼稚低级；钟情欧美歌曲的人觉得民谣语句不通无病呻吟；看韩国综艺的人嫌弃国产综艺无聊、空洞，等等。

在外留学的闺蜜有一天打电话时开玩笑，说现在已经习惯了国外的牛排沙拉，怕有一天会嫌弃原来的馒头米饭。

我也经常遇到一些奇怪的"鄙视链"，每次我浏览公众号文章的留言时，都会看到一些诸如"你的文风也太土气无聊了吧，现在辛辣尖锐的文笔才能吸引眼球知道吗？""你怎么还写一些陈芝麻烂谷子的事情，怎么不多蹭蹭热点？"等等此类的评论。

开始我觉得有些委屈惶恐，思考自己是否要转变，后来我坦然，文字于我是知己、是老友、是倾诉与表达的媒介，为什么要去迎合外界的高级感而失掉自己的本心？

比起缺料的"伪鸡汤"，我更愿意相信自己的认同感；比起虚假的高级感，我宁可做一个"低级趣味"的人。

高级感是取悦自己、随性的生活

柴静为野夫的《乡关何处》作序时，提到了这样一件事：柴静与野夫在一次北京某大咖的聚会上有过一面之缘,在宴会上,野夫不参与这些名人们的谈话,而是在一个角落里与一杯小酒为伴,颇为自得。

这是野夫一直以来的习惯,但凡出席宴会,他从不高谈阔论,与他人争锋,而是淡然从容,偶尔有争端也能怡然自乐,饭后燃上一支烟,慢慢聊旧体诗。野夫这种取悦自己、随性的生活也是一种高级感。

所以,高级感不是高冷、不合群、不做作。高级感是不跟风、不盲从、不随波逐流,是遵从本心,取悦自己,按照自己的态度去生活。只不过,这样的生活态度往往会让人显得有距离感。

总之,高级感是一种态度,一种原则,一种修养;高级感是遵从本心,是自得其乐,是爱自己的体现。

3
活出自己,才能活得高级

当有一天达到了自己之前对"高级"的定义,可以随时去旅行,不用关心随手拿起的商品的价格,却发现自己并没有想象中的开心,因为现在又有了新的目标,新的高级感的标签,自己永远活在追逐这种缥缈的目标之中,永远看不到尽头。

与其随大流,追寻所谓的高级感,倒不如契合自己的皮囊、性情和气质,做一个"我就是我,不一样的烟火"。活出自己,才

能活得高级。

股神巴菲特的成功离不开父母的家庭教育，从小父亲就教育巴菲特要尊重自己的内心，按自己的想法去生活，这种从小培养的自我认同感在巴菲特进入股市后依然按照自己的感受来进行精准的预测和大胆的行动——别人恐惧的时候我贪婪，别人贪婪的时候我恐惧。巴菲特由此大获成功。

著名电影《楚门的世界》里，楚门从出生起就生活在导演精心安排的片场里，所有的都和真实生活一样，楚门有家人、朋友，甚至有爱人。随着楚门慢慢长大，他开始对这个世界产生疑惑，最后他决定去追寻真相，哪怕需要打破已经习惯的安宁。离开了"世外桃源"的楚门也有了新的感受——你可以在我生活的所有地方装上摄像机，但却永远无法在我的大脑里装摄像机。

楚门的世界同样是我们真实世界的折射，我们的成长总是伴随着他人的评价和定义，有的人被这些声音所影响，失去了自我；也有的人遵从本心，活出了自己的模样。

在我决定以写作为生的时候，我的周围出现了非常多反对的声音，除了几个闺蜜鼓励我以外，我的家人是反对的。父母说现在纸媒衰落，写书根本没有出路；亲戚们经常给我转发一些想走写作路却失败的例子，但是我依然固执地坚持着，这么多年风雨不辍，直到有一天，机会突然以一个意想不到的方式降临在身边……

回首过去,与其说是幸运,倒不如说是一种忠于内心的选择,我活出了自己,活出了高级感。

与其追逐虚无的高级感,成为千篇一律的提线木偶,不如遵从本心,轻装上阵,活出自己的本心。这才是真正的高级感。或者到那个时候,你根本不会在乎自己是不是"高级"。

说话有尺,做事有余

1
说话有尺,让自己舒适也让别人舒适

前几天,我带女儿到小区门口的理发店剪头发。理发店很小,因为是常客,我和老板彼此都很熟悉。

那天,女儿刚坐上理发椅不久,便进来一位五十岁左右的阿姨。因为当时理发的人并不多,排在前面的只有女儿一个,阿姨便决定坐下来等一等。

没想到,从阿姨坐下来的那一刻起,我的"噩梦"就开始了。在那二十多分钟的时间里,阿姨几乎一直在絮絮叨叨地说话,从她和老伴是怎样认识的、做过哪些工作、什么时候退休的,到她的子女们什么学校毕业的、在什么单位上班、担任什么职务,再到她家现在有几套房产、在什么位置、买得多么划算,最后到儿媳妇多么无理取闹、刚满两岁的小孙女多么可爱、亲家多么不懂事……

我并不是一个善于和陌生人打交道的人,也绝非传统意义上的热情之人,原本,我的打算是和往常一样,在女儿剪头发的这段时间里,刷一刷微博、聊一聊微信,舒服自在。

然而,阿姨不间断的"热情"聊天,以及时不时地抛出的问话彻底打乱了我的计划,当阿姨絮絮叨叨的声音密密麻麻压过来的时候,我整个头皮都是麻的,几乎做不了任何事情,只能被动地听着。若不是出于礼貌,若不是因为女儿还围着那块大围布被固定在椅子上,我想我一定会逃跑。

在这二十几分钟的时间里,我被动地掌握了阿姨家的全部信息。作为陌生人,其实我并不愿意知道那么多,一方面,我觉得这些都是别人的隐私,我不方便知道;另一方面,不管是阿姨炫耀式地说自己子女多么出息以及房子多么多,还是阿姨对儿媳妇和亲家的抱怨,或多或少都会增加我的心理负担,让我变得烦躁。

显然,老板也有和我一样的感受,好几次,他很巧妙地试图岔开话题,然而,聊得起劲的阿姨每次都能将话题重新拉回来,丝毫注意不到我们不愿探听他人隐私和我们想要片刻安静的意愿。

在现实的生活中,相信许多人都曾和我有相同的遭遇,偶遇过一些与阿姨类似的人。这些人在聊天的时候,不管对方是否愿意

听、是否感兴趣,也不管有些话是否适合讲给对方听、是否会造成不良的影响,他们通通一股脑儿地竹筒倒豆子。

你能说这些人不可理喻吗?显然不能。"热情"的他们,其实只是犯了一个中国人常常会犯的错误——模糊了人与人之间的界限感,掌握不好说话的分寸,做不到说话有尺。

这样的人,一方面会打扰他人,因为并不是每个人都愿意听别人的絮叨;另一方面也会伤害自己,因为当你把不该说的话全部说给别人听的时候,你实际就已经为自己留下了一个威胁。

保持一定的界限,做到说话有尺,并不是要拉开人与人之间的距离,相反,是要人与人之间保持一个合适的距离。

一个说话有尺的人,才能够真正成为让自己舒适,也让别人舒适的受欢迎之人。

2
做事有余,才能温馨有爱

前两天,表弟找我聊天,说他最近十分抑郁。

表弟的婚期已经定了,最近正忙着装修新房,我以为他是琐事太多,忙得心烦,便随口安慰了他几句。哪知,表弟却告诉我,真正让他郁闷的,并非装修琐事,而是他的妈妈,我的姨妈。

表弟说,从装修房子开始,姨妈就经常自作主张决定一些细节,比如,表弟和弟媳明明选择了白色的橱柜,可姨妈觉得不喜庆,非换成了红色;空调明明选择了A品牌,可姨妈觉得自家用了十几年的B品牌挺好的,非要换成B品牌……表弟和弟媳虽然不喜欢,但考虑到老人也是为了他们好,加之都是一些无关紧要的细节,便也接受了。

就这样,忙碌了三四个月后,硬装终于完了,剩下的便是添置家具。在整个装修的过程中,弟弟和弟媳几乎都听取了姨妈的意见,只是小两口很重视婚床,希望能按照自己的喜好来。为此,他们几乎转遍了家具城,才选中了一张和房间整体风格很搭的欧式真皮床。下完定金后,表弟便出差了。

然而,当表弟出差一周归来后,却赫然看到新房里摆放着一张与装修风格完全不搭的红木大床。表弟当即便打电话问姨妈究竟怎么回事,电话那头,姨妈却轻飘飘地说:"你们年轻人办事就是不靠谱,你们定的那张床我去看过了,又贵又不实用,我退了,换了这张红木大床,你自己摸摸,那用料多结实,而且是特价的,就是不能退换……"

一旁的弟媳听了姨妈的话,二话不说拎起包就气冲冲地走了。一边是替自己操碎了心的妈妈,一边是气急了的未婚妻;一边是自己身为主人的第一个家,一边是不满意的家具,表弟说,他真的快要崩溃了。

听完表弟的叙述,我十分同情他。事实上,像这样的烦恼,表弟从小到大几乎一直在经历:小时候,必须按姨妈的意愿上自己

不喜欢的补习班;长大后,必须接受姨妈安排好的工作……他就像一只被守护的小鸟一般,永远飞不出姨妈爱的鸟笼。

不可否认的是,姨妈的确很爱表弟。也正是因为不想让他太辛苦,所以她选择了把爱的触角伸向了表弟生活的方方面面。

只是,姨妈忽视了很重要的一点,即便是再亲密的关系,也需要界限。当姨妈选择了用母爱战胜表弟的权力、用母子关系战胜人与人之间的界限感时,她和表弟之间的平衡关系就被打破了,由此造成的,一定是一方的强势和另一方的弱势,以及一方的满意和另一方的压抑。

周国平说:"分寸感是成熟的爱的标志,它懂得遵循人与人之间的距离,这个距离意味着对方作为独立人格的尊重,包括尊重对方独处的权利。"哲学家赫拉克利特也曾告诫我们:"世界的一切次序,在一定分寸上燃烧,在一定分寸上熄灭,凡事失了分寸,都可能往负面发展。"人与人的相处也是这样。

所以,在人际交往中,无论是哪种关系,都应该保持一定的分寸感和界限感,即便再亲密无间,也不能随意在别人的生活里走来走去。正所谓做事有余,才能温馨有爱,要想使一种关系更融洽、更长久地维持下去,"界限"和"分寸"永远要比无节制的"亲近"和"热情"重要得多。

3
最好的关系并不是彼此纠缠，而是建立边界

关于边界感，罗振宇曾经讲过这样一个故事：

有一次，他去一家银行办事，因为业务比较复杂，银行柜台的经理大概为他办理了一个多小时，办理过程中，经理一丝不苟，非常认真，一句多余的话也没有。

大概过了半个月，他在超市偶然遇到了那位经理，闲聊之下，罗振宇才知道，原来经理是自己节目的忠实听众，不仅如此，他还说了很多对节目的感想。

罗振宇觉得很奇怪，问经理："那天在银行你为何不说认识我呢？"

经理说："那个时候，你是客户，我在工作，在工作场合，我不宜谈和业务无关的任何话。"

毫无疑问，这个经理是个智者，他深谙界限感的重要性，知道怎样把握人与人之间的界限感，知道在什么时间做什么事情、是什么身份就说什么话。与这样的人交往，你不用顾忌，也不会添堵。

曾有人说，中国是世界上边界意识最单薄的国家。虽然，这样的观点过于片面和偏颇，但从某个层面上来说，它其实并不是全无道理。

生活宜简，不宜满

中国是一个重视人情往来和情感连接的国家，从小，我们所接受的传统教育和我们所认为的伦理道德，便模糊了我们的界限意识。

于是，这样的情景几乎每一天都在上演：疼爱孩子的父母越俎代庖、恋爱中的情侣不分你我、兴趣相投的朋友干涉另一方的生活、打着"为你好"旗号的七大姑八大姨指手画脚、不太熟的人大聊隐私……当我们在不经意间强行跨入他人的界限或者邀请他人跨入自己的界限时，我们就已经把原本简单的事情和原本纯粹的交往复杂化了，于是，我们开始变得不快乐，同时也让他人变得不快乐。

生活的本质是有序的，而如果我们在创造生活和享受生活的过程中，强行抹掉了人与人之间的界限，那么，我们就将简单有序的生活变得复杂无序了。正如刺猬在天冷时彼此靠拢取暖，但会保持一定距离，以免互相刺伤一样，那些没有界限感的人，那些把握不好交往尺度的人，说出来的话往往让人难以忍受，做出来的事也往往让人生厌。反之，那些懂得保持恰当距离的人，那些说话有尺、做事有余的人，才更能维系关系的纯粹，让人如沐春风。

说到底，边界感是人际交往的高素养表现，是一种为人处世的智慧，也是一个人成熟的标志，它的存在并不是要划清彼此的界限，也不是让我们滋生隔膜、形似疏离，而是让我们分清自己的世界和他人的世界，尊重对方的决定和想法，尊重对方的独立人格，规避一些潜在的争执。

说话有尺，做事有余，守住自己的界限，也不要侵犯他人的界限，做好自己，也不打扰别人，要明白，最好的关系并不是彼此纠缠，而是懂得互相欣赏、彼此体谅，给自己和他人的交往建立边界，也留有空间。

远离负能量爆棚的人

1

远离负能量的朋友，才能拥有正能量的生活

不知道大家是否也和我有一样的感受，不管是什么故事，无休止的讲述和发泄都会让人厌烦。

鲁迅笔下的祥林嫂就是典型的代表。不可否认的是，祥林嫂的人生是悲剧的，在痛失爱子以后，她逢人就讲儿子的故事，一次次把自己的伤口剖开，让"血水"溅落一地。开始，其他人还会安慰她，时间长了，周围人便如遇洪水猛兽一般避之不及。

其实，在我们身边还有许多祥林嫂式的人，他们会不停地向周围人倾诉自己的烦恼和心声，一点儿不顾及听者的感受，结果就是，他们发泄完了，听者却被迫接收了一堆负能量，让自己陷入了负面情绪之中。这种人会潜移默化地磨灭我们对生活的好感，加剧我们对生活的反感和抱怨，让我们的正能量一点点消失。

比起与他人交往中不注意言辞举止，这种人给人的伤害更大。而面对这种总是强迫式地将自己的负面情绪转移到他人身上的有"毒"之人，最好的办法就是远离。

我的一个朋友就是这样的人。每次我们见面时，她必然要翻来覆去地抱怨她所遇到的每一件事，在她的言语中，自己永远是不幸的，他人永远是不好的，她的每个故事几乎都有相同的结尾：你说他（她）是不是很讨厌。

很多次，我被她绕晕了，只好附和说"是"，她顿时更来劲了："还有一个事……你说他是不是很恶心？"

有一次，我实在是忍不住了，反问她："你每天都在把你的负面情绪传达给我，你讲完了心里舒服了，你有没有想过我的感受，我感觉很难受。"

她瞪大了眼睛反问我："你们搞文字工作的写的文章里不也有这些故事吗？你怎么不感觉难受？"

面对她的反驳，我竟一时语塞，无从还击。

关于写稿，后来被一个前辈点醒了我和她之间的不同。她告诉我："你知道你原来写的文章里最大的问题在哪儿吗？"

我摇了摇头，她继续说："你之前写一些现实问题的时候，比如西南落后地区的留守儿童、女孩子生存环境的艰难、学区房的天价，等等，你只是把它们摆上台面去抱怨、去批判，却没有认真思考过，读者是否愿意看你的抱怨和批判？"

生活宜简,不宜满

我说:"可是我写的都是客观事实啊。"

前辈笑了笑继续说道:"我们都知道现实生活是这样,可是你不能去传递你的负能量,去剥夺他人生活的希望。你写留守儿童,可你却并没有给出解决这些留守儿童问题的具体办法;你写女孩子生活不易,可你也并没有给这些生活不易的女孩子一些实际的生活建议。总之,如果你总是在表达客观事实,而没有留下能带给人们希望的建设性的东西,那么,你的作品就会显得悲观消极,是无法带给读者力量,也无法让读者产生好感和信任的。"

前辈的话让我醍醐灌顶。也是在那时我突然就明白了,负能量是抱怨他人,责骂世界,仿佛自己生活在一切恶意当中;而正能量则相反,是告诉他人即使是这样的生活,我们也能通过努力去做出一些改变。

其实,写作也好,交友也罢,如果我们总是倾诉不幸、抱怨不公,那么,我们就将自己变成了传播负能量的"毒瘤"。毋庸置疑,这样的我们是不可能受人欢迎的。

我不希望自己变成这样的社交"毒瘤",我也不喜欢祥林嫂式的朋友。他们不断唠唠叨叨地给我们洗脑,会慢慢消磨我们对生活的信心;他们始终喋喋不休地强调痛苦,会渐渐改变我们的价值观,腐蚀我们的正气。

很多时候,我们所结交的朋友其实就决定了我们的高度。远离"毒瘤",选择那些能给我们带来正能量的朋友,去交那些在挫折中能激励你的朋友，如此，你的生活才会变得更阳光、更有能量。

2
比起互相消耗，更好的相处方式是互相促进

任何一段感情，如果两个人在一起能够共同进步、彼此成就，成为更好的自己，那么，这段感情就是美好的、珍贵的、值得珍惜的；反之；如果两个人在一起互相耽误，明明在该努力的时候选择了享乐，互相比着退步，那么，这种感情就是消极的、负面的，不如趁早结束。

高中时候，我的同桌翔子是一个非常刻苦的男生，不仅篮球打得好，在班上人缘也不错。可惜的是，在高三时，优秀的他却喜欢上了一个"问题少女"——她化妆染发，天天混迹在一群不良少年中。当时，我们几个玩得不错的朋友都觉得他们不适合，并且一再劝翔子不要"跳入火坑"，可翔子却很坚决，认为自己可以改变她。

事实上，他的确很努力地想去改变这个女生，但效果甚微，女生嘴上说知道了，会好好学习，却总是逃课和一帮"问题学生"出去通宵玩游戏；明明答应得好好的要认真复习考同一所大学，却依然每天缠着翔子煲"电话粥"到凌晨；翔子让她跟那些小混混划清界限，她也总是左耳朵进右耳朵出，并不在意。

长时间下来,翔子睡眠不足,学习时间也被占用了,高考成绩一塌糊涂。翔子这才意识到了问题的严重性,才把我们当初劝他的话听了进去。高考结束后不久,翔子就选择了和女孩分手。那晚,我们几个好朋友约在江边陪他散心,七月的酷暑,江风带着凉爽一阵阵吹来,翔子感慨地说道:"正确的感情是心灵契合,为共同目标去努力,而迁就的感情是很危险的。"

再后来,翔子选择了复读,一年后他考上了理想的大学,五年后顺利留校成为一名大学老师。课下与同学们交谈时,翔子经常对学生们说"你的另一半,决定着你的高度"。学生们私下都疑惑他是否婚姻不美满,其实据我所知,他现在和妻子生活得非常幸福。

翔子的故事告诉我们:交友也好,恋爱也好,一定要找一个有共同语言和共同目标的人,避免互相耽误消耗,正确的相处方式是双方契合、共同前进。

3
和能"消化"负能量的人在一起

上学时遇到好老师;工作时遇到好师傅;成家时遇到好伴侣,这是许多人都认可的"人生三幸"。事实上,除了这"三幸"以外,人生还有更重要的"第四幸":遇见能带走我们负能量的人。

如果说，好的老师、师傅、伴侣是能够为我们的人生"锦上添花"的贵人，那么，能带走我们负能量的人就能为我们的生命"雪中送炭"，他们能过滤掉我们内心的消极，给身处情绪黑暗的我们一丝光亮、一些慰藉，让我们的生活更舒适也更纯粹。

终其一生，我们每个人都会遇到许多的苦难，也许某次的遭遇，让你切实受到打击，感受到挫败，伤心悔恨不能自已。面对这些，也许你会将自己包裹得越来越严，任由伤口在内里溃烂；也许你会一改常态，疯狂发泄，伤人伤己。

其实，这个时候，你应该意识到，这样的自己已经不是曾经的自己，负能量已经在你身上扎营，逃避或是压抑自己的情绪，只能让负能量越积越多，让其伤害力越来越广。

此时，不如出去走走，去找一个正能量集聚的地方，去和能"消化"我们负能量的人在一起，从他们身上获得驱散烦恼、走出困境的勇气和力量，然后重新拥抱快乐。

有人曾做过这样一个实验，将同一个苹果的两半，放在不同的环境中，结果却完全不同。

"生活"在赞美快乐中的苹果，腐烂时间明显推后，苹果的保存期限变长；"生活"在辱骂忧郁中的苹果，腐烂时间明显加快，苹果的保存期限变短。

有人说这只是个片面的实验，苹果和人不同。确实，苹果与人相较差距巨大，但是人有思想，有自我，面对身边的人事，会有

更加明显的心理、生理反应。

试想，一个人长期生活在一群负能量的人中间，每天被各种痛苦浸泡，被各种不快乐洗脑，又怎么可能变得积极而阳光呢？

但是换一个环境，当一个人每天都在一个快乐的环境里生活，身边的人积极向上，乐观开朗，对于生活的热爱多于抱怨、包容多于埋怨，相信在长期熏陶下，他也会越来越热爱生活，越来越感到快乐。

所以，如果你感觉不够快乐，那么就去和快乐的人在一起，做有趣的事，去旅行、去读书、去K歌，不要轻易伤害自己，不要随便迁怒别人，放下那些敏感的神经，潜心寻找生活的快乐。

要始终相信，当把自己过成快乐的样子时，你离真正的快乐，也就不远了！

舍弃酒肉朋友，减少无意义的聚会和饭局

1
人际交往讲究的是实力对等

交友应当看重质量，数量并不是重要条件。

阿仙是典型的社交达人，常以认识的人多、级别高为荣，他的微信朋友圈经常晒在某某地吃饭，同行的有某某某这样格式的图片配文字。他还经常对我恨铁不成钢苦口婆心地教导："生命有限，不要整天窝在家里浪费时间。"

一天晚上，阿仙突然神神秘秘地找到我，让我给她推荐一些有底蕴的书和资料，准备闭关修炼。我惊讶地说："你转性了吗？"

阿仙一下打开了话匣子："你不知道，以前我总觉得能认识这么多牛人，我挺厉害的，现在我才发现，别人优秀跟我自己没有一点儿关系，又不是我牛；我总觉得自己有一堆知己朋友，可遇到

事需要帮助时,才发现根本没几个人理会我。"

阿仙的想法其实是一个很常见的误区,认识了某个很厉害的人,就以"朋友"自居,觉得自己跟他有交情。实际上,从"认识"到"朋友",中间还有着非常长的一段距离。"认识"只是别人知道你这个人,并不代表他了解你、认可你,交际实际上是实力资源的置换,实力对等的,更容易成为朋友。

提升自己才能结识具有实力的人,要对自己有清醒的认识,在还没有达到一定高度的时候,假如有幸可以与牛人一起参与某个高端场合,也要清楚,在这里认识的人,在现阶段基本上不会是自己的朋友。

2
不是所有的饭局都有意义

中国是一个重关系的人情国度,在这样一个"关系社会",无论是家庭生活还是工作事业,似乎没有点关系就很难立足。

在这样的环境下,许多年轻人总是信奉"多个朋友多条路",见谁都称兄道弟,和谁都要八拜之交,日日觥筹交错,穿梭于各种聚会和饭局之中,希望利用各种渠道去结交各种朋友,从而结识更多优秀的人脉。

问题是,那些频繁的酒肉饭局,真的有意义吗?答案显然是否定的。

有些饭局，你只是配角

我们有时候会被邀请参加一些活动，邀请者可能是亲人、朋友，有时候甚至是不太熟悉的人，到了活动现场，需要走个过场配合流程，相当于给活动凑个人数、热个场，任务完成以后就在一旁待着。在这种浪费时间的场合凑数，相当于在充当他人的配角。

很多人刚开始会碍于情面而无奈地去参加，次数多了，大家也不会再愿意参与。

有些饭局，你只是羞辱的对象

同学聚会对于已经工作几年的人来说可以算是十分尴尬的存在，哪怕自己不想去也会被各种"劝说"硬着头皮上阵，只因现在的同学会越来越变味，早已不是当初为了联络情感，重返记忆而聚集在一起的初衷。

现在的同学聚会更像是一场攀比秀，饭桌的话题离不开金钱、地位，你创业发财，我升官高就，炫耀的话题一个接一个，只要比你厉害就拥有极大的满足感。在这种情况下，如果自己比不上他们，只会感受到深深的羞辱和自卑。

有些饭局，你只是别人牟利的对象

闺蜜有一段很不愉快的经历，她有天收到了一位老同学的结婚请柬，虽然自己和这位老同学的关系其实非常一般，但是闺蜜还是应邀出席并给新人随了"份子钱"，心想反正以后自己结婚的时候这个老同学也会来的，就没有太过在意。后来闺蜜要结婚

了,记起这件事,准备在微信上通知这位同学一声,结果显示已被拉黑。

相信很多人有过相似的经历,现在各种名目的宴席仿佛成了新型的敛财方式,利用他人的善意借"份子钱"来赚钱,没有利用价值了就一脚踢掉。所以,现在的宴席越来越让人唯恐避之不及,失去了原有的美好。

在现实生活中,那些所谓的"兄弟"里真正用心待你的人可能屈指可数,而那些频繁的酒肉饭局除了浪费你的时间和精力外也几乎毫无意义。所以,与其寄希望于通过参加聚会和饭局认识人脉,不如沉下心来,好好修炼自己。成年人的世界世俗而现实,只有当你将自己变得足够优秀的时候,才能让更多优秀的人认识你。

3
圈子虽小,干净就好

我有一位画家朋友,他喜欢一个人独处,大部分时候,一个人默默地待在角落里,摆弄花草,做着自己喜欢的事情,这样的生活其实是让人羡慕的,因为他明白自己到底想要什么。

然而有一天,我突然在一个热闹的聚会场合遇到了他。那天,我看到,在闪烁的灯光下,他笨拙地倒着酒,讲着生涩的笑话时,突然很心疼他,不明白这么纯净的一个人,为什么要委身附和这样一个不属于他的世界呢？

简单的人有简单的快乐，灯红酒绿的生活不是每个人都觉得是种享受。人活在世上，可以有千百种姿态，没有哪一种一定是最好的，适合自己才最重要。那些为了看起来合群，为了收获人脉，就要逼迫自己去混饭局、混聚会的人，快乐便也罢了，如果感觉不快乐，又何必苦了自己。

圈子虽小，干净就好，所以，避开没意义的酒局吧！

热播电视剧《欢乐颂》中，樊胜美钟情于流连各种聚集名流的高端晚宴，希望能在这里钓到"金龟婿"，从"胡同公主"一跃成为富家太太，再也不用为金钱低声下气。可事与愿违，她总是碰壁或者被骗。和樊胜美相反，剧中的安迪虽然不喜欢这些社交场合，但自己却非常优秀，在职业领域做出了一番成就，所以总有人贴上来希望和她结识一番。

近期，一篇名为《被老男人造出来的饭局姑娘》刷爆了微信朋友圈，京城的作家圈里，老男人们在饭局中总会邀请一些姑娘作陪，这些姑娘有着统一的、盲目的崇拜和极高的耐性，在饭桌间能面不改色的配合。被选中的姑娘以为自己找到了往高处爬的大门，其实在其他人眼中，不过是饭局的配菜罢了。

总有人觉得饭局是交朋友的场所，酒后出知己，这些酒桌上的朋友日后必定会有用武之地。实际上，这些不必要的交际除了浪费时间、占用资源以外没有任何作用。

想要走捷径,就必然会用几倍的代价来还,做人只有靠自己才踏实。与其寄托他人帮助,不如用时间去打磨自己,让自己变得优秀,自然会结识优秀的人成为自己的好友。有旗鼓相当的能力,充满希望的目标,能互助前进,这才是交际的意义所在。

快节奏的社会让每个人的时间都更加宝贵,减少无用社交,与值得的人交往,才算没有辜负时间。

学会拒绝,不做老好人

1
当老好人,也要分清情况,量力而行

前两天,闺蜜颖儿打电话给我,气鼓鼓地抱怨说:"这辈子都要和'老好人'划清界限。"待情绪平静后,颖儿对我讲了这样一个故事:

颖儿在一家广告公司做文案工作,原本,她和公司的另一名文案W一人负责一个案子,并没有过多交集。但上个周六,来往并不多的W却突然打电话给她,说她的女儿生病了,一时走不开,但是由她负责的那个案子第二天要召开一个很重要的交流会,涉及和客户沟通,所以想请颖儿"江湖救急",帮她出席那个会议。

原本,颖儿是想拒绝的,一方面,她对W负责的那个案子并不熟悉;另一方面,她和男朋友原计划周末去爬山的。然而,架不住W的请求以及再三保证只需要她替自己出席即可,具体问题可以

现场手机沟通,颖儿"老好人"的毛病又犯了,便同意了。

当天,颖儿推掉了和男友的出行计划,替W出席了那个重要的交流会。在会上,客户提出的每一个要求,颖儿都是通过微信视频和W再三确认后才做出了同意与否的决定。

但是,令颖儿意想不到的是,周一一上班,得知消息的老板便大发雷霆,认为在那次会议中,颖儿他们同意的客户要求让步太多,侵害到了公司利益。更让她没想到的是,这时候,事件的当事人W却直接出卖了颖儿,直言当天由于女儿生病,自己并未参与会议,不清楚颖儿他们的决定。

这下,颖儿彻底傻眼了,由于当天的交流都是通过语音视频的形式进行的,并没有直接的证据证明颖儿只是单纯地充当了传话角色,所以尽管气愤难耐,最终,颖儿也只好被人当枪使,承担了全部的责任。

颖儿说,原本她以为就是一次单纯的帮忙,没想到,"老好人"做到最后,牺牲了自己的休息时间,不仅没有得到感谢,还挨了批评,损失了一个月的奖金。更让她觉得愤怒的是,事后,W还假惺惺地安慰她,没事的,年轻人犯错,也很正常。

其实,不管是在生活中,还是在职场上,像颖儿这样的老好人都很常见,他们总是一副热心肠,在帮助别人的时候从来不计回报,甚至会牺牲自己的利益。只是,因为不懂得拒绝、不懂得划分帮与不帮的界限,也不懂得保护自己,这些"老好人"让自己吃哑巴亏的情况十分常见。

当然，我之所以这样说，并不是要否定互相帮助的重要性和必要性，而只是想强调，当我们在帮助他人的时候，一定要分清情况、量力而行。

对于那些力所能及的、不涉及利益纠葛的小忙，该出手时就一定不要吝啬；反之，对于那些情况复杂的、可能会让自己引火烧身，并且不在自己能力范围内的"忙"，则一定要三思而行，该说"不"时一定要说"不"，否则，就会像颖儿一样，将自己置于麻烦的境地，从而扰乱自己的生活，增添自己的烦恼，影响自己的心情。

2
"老好人"意味着忍让和迁就，会将原本简单的生活变复杂

关于"老好人"，百度的定义是：指的是随和厚道，性格温柔，不愿得罪人，不会拒绝别人，缺乏原则性的人。

在许多人的眼中，"老好人"意味着平易近人、意味着"好说话"，是一个值得推崇的褒义词。然而，从另一个对立的面来说，"老好人"其实也意味着忍让和迁就，会将我们原本简单的生活变得复杂。

在现实生活中，如果你也是一个"老好人"，那么，你的生活可能也会面临这样的状况：因为缺乏原则，不懂得拒绝，所

以常常让自己陷入无端的忙碌之中,给自己带来不必要的麻烦;因为随和好说话,习惯于大包大揽,所以总是在处理一些不该处理、不在自己责任范围内的事情,从而占用自己的时间,丢掉自己的根本;因为不愿得罪人,不忍见人落寞,所以很容易陷入是非对错的泥潭,迷失自己的初心,做出错误的决定;因为缺乏原则性,守不住要不要的底线和能不能的界限,经常好心办坏事,最后让自己哑巴吃黄连,有苦说不出;因为总想着"世界和平",希望让所有人都满意,却忽视了在这个世界上根本不存在所有人都满意的情况,结果最后时间花了、力气费了,却吃力不讨好,让大家都不满意……

你看,无论是上述哪一种情况,归根结底,"老好人"都会背离简单生活的初衷,让生活变得更复杂。

3

找回简单快乐的自己,从告别"老好人"那一刻起

既然"老好人"并不是真正意义上的好人,甚至有可能会把我们的生活带入麻烦的境地,那么,为什么还有那么多人愿意当"老好人"呢?

关于这个问题的答案,还是要追溯到对人一生影响最深远的原生家庭。在心理学上,有这样一个假设,来自外界的一切,都是一面面镜子,而在所有的镜子里,一定存在一面是对人影响最大

的,我们把这面镜子叫作权威镜子。对于大多数人而言,这面会对我们的命运产生深远影响的权威镜子,就是我们的原生家庭,即我们与父母生活在一起的家庭。

如果在成长的过程中,这面权威镜子所折射出来的"光芒"是不懂拒绝,是隐忍迁就,是希望所有人都满意,那么在潜移默化中,我们自然也会将自己塑造成"老好人"的样子。

回想一下,其实在我身上这一切便得到了很好的印证。在我的印象中,小时候,爸爸常常会向妈妈抱怨"做人太难",而为了做个好人,让所有人都满意,他们也总是隐忍谦让。比如,农忙的时候,他们会先帮大伯二伯家干完,然后才去忙自己家里的农活;处理亲戚关系的时候,他们也总是先让别人满意,宁愿委屈自己。

渐渐地,在这种环境中耳濡目染,做"老好人"的意识便深深地根植在了我的心中,成了我的目标和做人准则。于是,在成长的过程中,我总是习惯于以别人的评断和别人的喜好来作为自己努力的方向、习惯于把别人放在首位,而把自己搁在一个连自己都看不见的末尾,逐渐丧失了自我。

比如,在成长的过程中,我总是觉得听父母话的才是好孩子,所以有时候,就算父母说得不对,我也不敢反驳,更不敢说出自己的观点。而当我和父母的观点发生冲突的时候,即便我很想坚持自己的原则,但是为了让父母满意,避免他们伤心,我依然会选

择妥协。

在工作中,我总是大包大揽,试图让所有人都满意,结果最后累得半死,却得不到一句感谢,渐渐地,大家也习以为常了,如果某次我没有这样做,别人反而会对我产生抱怨,适得其反。

再比如,在家庭中,为了让婆婆和先生都满意,我总是选择隐忍迁就,不愿去正视矛盾,结果最后让矛盾越积越深,不可化解。

这样的我,真的快乐吗?真的不委屈吗?答案显然是否定的。

印象很深的是在我当了妈妈后不久,有一次,我带着女儿和母亲一起去逛街。在商场,妈妈看中了一件衣服,觉得很适合我,于是非要我买下。而我却觉得那件衣服样式太老气,并不适合我。于是,我和妈妈在商场里争辩了起来。最终,为了让妈妈满意,我还是选择了妥协。

可是,那件衣服买回来后,我却一次也没有穿过,直接就丢在了衣柜的一个角落里。每次收拾房间看到那件衣服的时候,我都会觉得很难过,认为不敢和外界对抗,一味隐忍的自己十分懦弱。

很多事情,我原本以为自己可以忍,却不知道,那些被我忽略的、隐忍的小火苗其实是在一天天的积攒,突然有一天就爆发了,也正是从那时候起,我突然就不愿意再做"老好人"和乖乖女了。

一方面，当到了一定年纪后，我希望岁月留给我的，除了脸上的细纹，还有头脑里的智慧，以及我对自己的厚待；另一方面，做了母亲后，我不愿女儿再重复我的老路，经历"老好人"的烦恼，我更希望未来的她，能成为一个有底线、有原则、敢于直面内心、敢于忠于自我的人，获得简单的快乐。

这就是我一个资深"老好人"的自我救赎之路。

大部分人都在过一种"三随"的生活——随便、随大溜、随惯性；只有很少的人真的知道自己想干什么。而如今摆脱了这种"三随"生活的我，显然变得更简单、更快乐，也更立体而丰盈了。

我知道，当我学会了拒绝和说"不"的那一刻起，就丢掉了人生的沉重枷锁；而当我选择告别"老好人"的那一刻起，便找回了更纯粹、更本色的自己。

第 6 章

用智慧超越忙碌,而非埋头苦干

忙着升职,忙着加薪……不知从什么时候开始,「忙碌」已经成为我们生活的主旋律。因为忙碌,我们粗暴地背离了生活的初衷和内心的宁静;因为忙碌,我们遗憾地迷失了前进的方向也丢掉了人生的理想。而简单生活的第一步,就是要让我们学会用智慧超越忙碌,而非埋头苦干。

当一天结束时,将自己清零

1
自我清零才是重新开始

我的发小儿阿欣最近找了一份英语培训的兼职,有一次我们小聚,我问她当老师的感觉怎么样,教学生难不难。

阿欣带的是成人培训班,她说班上的其他人都挺好的,都是成年人了,基本上不会有什么问题,但是有一个很自以为是的学生,是某公司的高管,叫Davy。

阿欣告诉我,对于老师来说,最难教的学生不是没有基础的,这种学生老师可以耐心去教;最难教的是不懂装懂、自以为是的学生,这种学生不懂得将自己清零,自以为很厉害,其实根本什么都不懂。

Davy就是典型的这种人,自我感觉非常好,根本不尊重老师,阿欣讲课的时候,Davy经常打断她的教学,质疑阿欣的专业

水平,阿欣说小组讨论,他高高在上,从不跟其他人互动。

课下,Davy经常在一堆人面前故意炫耀自己的工作经历,自己做过企业文化的培训,自己的教学经验比这儿的老师要多多了,言语中颇有优越感,也看不起其他同学,觉得要不是因为在同一个班,这些人连跟他讲话的资格都没有。

一开始,阿欣和其他老师还在想能改善和帮助Davy的办法,每次课程结束了阿欣都会专门跟他谈话辅导,寻问授课内容是否完全理解,可是Davy非常不耐烦,并表示自己全听懂了。后来老师们发现,他不是听不明白,而是一开始就没想听,无论老师做多少努力都是白费功夫。

这种人不愿意放下自己的身份,习惯处在自己固定的领域和地位,不能忍受自己在另外的领域完全清零,重新开始,他们承载着所有生活给予的"满",不愿意丢掉曾经的成绩,像是背着一个巨大的壳前行,他们不愿放手,也就无法重新开始,只能永远保持过载的状态。

每个人都需要拥有空杯心态,在做事之前,要怀着放空过去的一种态度,去融入新的环境,对待新的工作和新的事物。

学习的道路是看不到尽头的,真正优秀的人从来不会以已经拿到的成就自傲,而是一直清零自己,虚心前进;相反,已经灌满的杯子装不下别的东西,只懂皮毛的人才会觉得自己高人一等。

2
清零经验，亦是刷新自己

好友之前任职的制造工厂曾经有一款夏季凉鞋非常畅销，用户反馈也很满意，但是因为制作的成本很高，售卖店面一直是比较高端的专卖店，订购商发现了商机，想继续订购这款凉鞋，想让它打入大小卖场，所以需要降低价格以适合普通消费者的购买力。

为了降低成本，好友和同事想了很多办法，把真皮换成普通皮料，上色材料更换，金属鞋扣换成塑料的，鞋底打薄……如此种种，仍然不能满足订购商的要求。

成本实在是无法再降低了，好友工作的工厂跟订购商反馈，成本价只能这么低了，不能再低，再低就没办法做了。

好友工作的工厂算是行业中很有实力的一家工厂，所以好友很自信，如果连他们工厂都做不下来，也就没有其他的同行可以接这个订单，所以他们工厂笃定订购商只能在价格上退步。但是没有想到，订购商真的找到了另外一家制作工厂来做这批凉鞋。

等鞋子面市后，满怀疑惑的好友在商场看到了这款鞋子，好友发现不管是材质还是用料都跟自己工厂之前制作的相差无几。到底这家工厂是在哪个环节压缩了价格呢？

原来，竞争对手把一层隐藏的固定衬板给去掉了，以此来减

少原料和其他成本，更关键的是，这个不算降低质量欺骗消费者，反而更需要工厂强大的技术支持，就算是自己所供职的工厂也不敢轻易尝试。

很多时候，我们只是在固定习惯的经验里绞尽脑汁地思考解决办法，没有想过跳出来观察其他地方。

经验是帮助我们前进的路标，同时也是阻碍我们提升的绊脚石，真正优秀的人从来不沾沾自喜并留恋自己的经验。

生活不能时刻处于"满"的状态，经验亦然。

3
让自己清零，生活才能简单

我刚刚踏入职场的时候，失眠了一个多月，每天晚上躺在床上就会开始思维发散，脑海中不断滑过自己今天一天所做的事和说的话，连别人的一个微小的表情都记得清清楚楚，并将自己的错误不断放大，回忆和失眠让我每天早起时都非常疲惫，工作时也没有办法打起精神，频频出现失误。某次假期，我与闺蜜见面时向她倾诉了我的痛苦，闺蜜敲了一下我的头，告诉我："你呀，就是想得太多了，每一天的生活都过得太满了，所以才会压得你喘不过气。你要把晚上当作自己一天的清零时间，知道吗？"

我突然领悟，生活需要简，而非满，每天都绷紧神经，恨不得把一天24小时的每一分钟都填满，把自己变得满满当当，便不能再去接纳外面的世界，所以在原地踏步无法前进时，持有空杯心态，学会适当把自己清零，不留恋原地沉迷已经取得的成绩，而是时刻准备从零开始学习，把现在当作未来的起点，才能拥抱更广阔的天空。

采用有效的工作方法，不拖延

1

原本简单的事，拖着拖着就复杂了

刚大学毕业的表弟进入了一家不错的单位工作。七月份的时候，他就通过中介找到了合适的房子，并预交了定金，约定九月份入住时交清房租。

刚租好房子的时候，表弟一直觉得时间还很充裕，就没有急着找合租者。而是先和同学一起去毕业旅行了。

没想到，这一拖就拖了大半个月，眼看着约定的九月份就要到了，表弟这才开始慌慌忙忙地发帖子寻找室友。刚开始的时候，表弟对合租室友还有诸多要求，但是眼看着帖子发出去了却一直没有人回应，只好把要求一再降低，连带着房租也是降了又降。

所幸，在八月中旬时，房子终于租出去了。只是，一向拖延惯了的表弟又没有及时和合租者签订合约，等他想起来的时候，合租者已经利用这个空档又找到了更合适的房子，然后对表弟轻飘飘地说了一句"不想租了"，就把表弟拉黑了。

转眼就八月底了，表弟变得焦躁不安。原来，当时房东提出要一次性缴纳全年的房租，而表弟当时觉得还有两个月的时间，一定可以找到合租对象，再加之交全年房租相对会更优惠一些，所以就爽快地答应了，并签了租房合约、缴纳了定金。

眼看着交租日期越来越近了，表弟着急上火，一边继续降低房租招募合租者，一边央求房东再宽限几天。无奈，房东毫不松口，一口咬定必须在约定日期见到全年的房租，否则就视为表弟这边放弃合约，而几千元的定金是不会退回的。

对于刚毕业的表弟来说，几千元钱已然是"巨款"，他当然不愿承担，更何况那样的话，他还得重新花时间、花精力找房子。无奈，拿不出一年房租又找不到合适的合租者的表弟只好一边寄希望于将房子尽快租出去，一边找朋友借钱凑余下的房租，可是由于时间太紧，直到截止日期的前一天，他也没有凑够钱。

最终，原本抱定决不找家人帮忙的表弟找到了我，这才解决了问题。

拖延症害死人，就因为一时的拖延，表弟没有为租房这件事预留足够的时间，所以最终他不得不花大量的时间和精力去为拖延埋单。

2
并不是工作太满、人生太累,而是我们习惯了拖延

知乎上曾经发起过这样一个话题:你因为拖延症导致的最悲惨的一次经历是什么?

在五花八门的答案中,有一个回答尤其令我记忆深刻——大学四年作业总是最后写完,绩点不高,拖到毕业才打算申研,但我依然是拖到了最后才慌忙整理申请材料,以至于申请过程连连碰壁。研究生好不容易入了学,又因为总是把作业拖到最后,因此第一年就挂了一科。感觉好像自己的人生都被拖垮了。

这样一段扎心的话语,相信道出的绝不是答主一个人的状态,而是现实生活中许多人的真实写照。

以前我在深圳上班的时候,和我同住的姑娘就是这样一位典型的"拖延症"患者。比如,明明每天早上闹钟定的是七点半,可她非要拖到七点四十才肯从被窝里爬起来。

这拖延的十分钟,其实并没有提高她的睡眠质量,相反,因为白白浪费了宝贵的时间,为了踩着八点半的打卡最后时间,她不得不分秒必争、惜时如金。当七点四十的铃声响起时,她能瞬间化身为生活小超人。提上裤子就往卫生间冲,蹲厕所的瞬间迅速系好鞋带。洗脸的同时抓起牙刷杯漱个口,夺门而出的一刹那拾起梳子在电梯里梳头,坐公交的时候随便化个妆。

在这个过程中，只要哪一个环节出现差池，她都会异常烦躁：公交车晚了半分钟，她都感觉像等待了几个世纪一样难熬；路上多碰到一个红灯，她都感觉像要了她的命一样的崩溃；早点铺子多一个人排队，她都感觉世界充满了恶意，故意与她作对……

所以，每天早上她的心情如何，便取决于她的公交车是否准点，电梯是否能挤得进去……这一路走得提心吊胆，好心情全无。所换来的，不过是多赖床拖延的十分钟。

再比如，每天接到工作任务后，她也总是习惯性的拖延。明明一个小时就可以起草好的公文，非要挨到上司规定的最后时刻才完成。结果，时间浪费了，其他的工作也耽误了，完不成，便只好占用晚上的时间，加班加点。

就这样，她被拖得筋疲力尽，每天都感觉特别混乱、特别累。很多次，当她披星戴月地回到家，看到我正怡然自得地敷着面膜看着书的时候，总是无比羡慕，觉得我的上司对我实在是太好，安排给我的工作又少又轻松。

对此，我每次都不置可否地一笑了之。事实上，她不知道的是，作为部门唯一一位"年轻干将"和相对而言属于清闲岗位的她而言，我的工作任务几乎是她的两倍。而我之所以能够做到按时下班，把自己的生活过得轻松而井井有条，不过是因为和习惯性拖延的她相比，我懂得更专注、更高效地完成工作而已。

比如，每天在她赖床的时候，我已经早早起床开始不慌不忙

地收拾自己了；当她匆匆忙忙赶到公司的时候，我已经做好了充分的上班前准备，全情投入一天的工作中了；当她拖拖拉拉地写公文的时候，我已经高效地处理了好几份文件，还顺便把下午的工作提前挪到上午来完成了一部分。

世界上从来就没有天经地义的怡然自得和轻松自在，有的只是合理高效的时间安排。许多时候，并不是工作太满、人生太累，而是我们习惯了拖延，硬生生让自己的生活陷入了辛苦和混乱。

3
让你得不偿失的，恰恰是你的拖延

其实，学生时代的我，也和那位室友一样，是一位重度拖延症患者。比如，每年的寒暑假作业，我都要拖到最后一刻才完成。其实在这个拖延的过程中，我也并不是没有做作业，只是总感觉还有时间，不用着急，于是便边做边玩，没有专心致志地集中精力去做作业。而到了临近开学的最后几天，看着还剩大半的作业，内心便无比焦急，只得不分白天黑夜地把自己关在房间里，最后潦潦草草地完成任务。

于是，整个暑假，既没有玩好，也没有学好，简直得不偿失。这样的状况，一直延续到大二暑假我去一家报社实习。

我记得在报到的第二天，带我的老师交给了我一个选题，让我写一篇文章。拿到选题的那一刻，我实在不知道如何下笔，便习惯性地开始磨时间，一会儿玩玩手机，一会儿看看网页，直到快下班的时候，实在磨不下去了，才匆匆忙忙赶了一篇文章。那一整天，由于文章迟迟没有写完，我的内心非常煎熬。而当我战战兢兢地把匆匆赶完的文章交给老师的时候，老师并没有说什么，只是从他疑惑的眼神中，我明显看出了他的不满意。

第二天中午，老师特意领我去报社食堂吃了顿饭，在饭桌上，他一针见血地指出了我的问题："小庞，其实你还是很有能力的，只是做事有点拖延。"

老师说，我那篇文章的第一段写得很不错，只是一看后面就是因为赶时间而拼凑出来的。这就说明，从写完第一段后，我就在拖延时间，直到后面来不及了，才狗尾续貂。

聊到最后，老师对我说："在这个拖延的过程中，你的时间浪费了，你的事情没做好，相信你也过得并不轻松，因为始终感觉有一个包袱压着你，对吗？所以，不如一开始就克服困难，专注高效地完成工作，这样，你既能按质按量地完成工作，也会过得轻松许多，多好。"

老师推心置腹的一番话，让我受益颇多。也是从那时候起，我决心要改掉自己拖延的毛病。我发现，当我认真专注地去做每件事情的时候，我便把自己从拖拉、一团乱麻的状态中解救了出来，我不仅工作做得更漂亮了，我的生活也变得更井井有条了。

4
解决拖延要选对步骤和方法

不可否认的是,在现实生活中,许多人都患有严重的拖延症,他们总是习惯于把当下应该完成的任务"放一放",结果推来推去,浪费了时间,事情没做好,工作打了折扣,内心也备受煎熬。

那么,如何才能跳出拖延的陷阱呢?关键还是要选对步骤和方法。

列出工作计划表

万事开头难,拖延症患者之所以习惯性地拖延就是因为他们没有对工作进行正确的规划和执行。很多人一拿到工作表,一看截止时间还有几天,就想反正还没到截止时间,快到了再做,然后就把工作抛之脑后。他们没有时间规划,所以就会把工作越堆越多,到最后自己面对庞大的工作量只能傻眼。

所以,要想解决拖延,就要从头开始,将每天要做的工作一一列表排序,然后根据工作内容和难度对每项工作进行合理的时间规划,规定好做每件事的时间,提高自己的执行力。

隔离,把自己从世界中抽离

很多人在工作的时候虽然人坐在电脑前面,但其实心早就飞远了。工作一会儿就摸个鱼、玩会手机;旁人的走动和闲聊总是能轻而易举地打断他们的思路；上班期间，仿佛万物都对自己有吸引力，注意力始终无法集中……这也就导致了这些人总是工作效率低下，坐了一天，什么都没有完成。

所以，要摆脱拖延，很重要的一点就是要把自己隔离起来，把手机调成静音，让自己不受外界事物的影响。

在讨厌困难之前，先把困难解决掉

拖延症并非先天形成的，而是后天养成的习惯。许多时候，我们在小事上总是觉得拖延一下没有大碍，殊不知，当一拖再拖成了习惯，行动力便成了很奢侈的东西，我们的心情、工作和生活，难免都会受到影响。

拖延症患者的一个典型表现就是在工作中一遇到困难就下意识地想放弃，把难题放在一边，安慰自己以后再做，当拖到不能再拖的时候，便只好硬着头皮去匆匆忙忙地完成。

有这样一句话，"看到困难又必须完成的事情，在想到它的困难之前，就先把它给解决掉。"因此，要想解决拖延症，就需要建立一个良好的工作心态，在讨厌困难之前，先把困难解决掉。

从这个角度而言，让工作高质高效、让生活回归简单的基础，便是摆脱拖延，提高效率。

一次只专注做一件事,尽可能不同时做几件

1
心守一事,方能做好一事

有段时间,受一个虔诚的佛教徒朋友的影响,我对禅特别感兴趣。在研究禅的过程中,我发现,禅和极简生活其实有一个很重要的相似点,那就是都讲究效率,都强调要心守一事、专心致志,都认为一次只能做一件事情,认真地做完一件,才能接着做下一件。

仔细想一想,这个相似点其实是非常智慧的,它是一种通透的处世哲学,也道出了做事的重要原则和重要真谛。从某种程度上来说,在现实生活中,无论我们做任何事情,只有完成了,才是效率,如果同时做两件事或者多件事,结果一件都没有完成,那么,就是没有效率。正所谓"一心不能二用",说的便是这个道理。

有一次和朋友聊到专注这个话题的时候,她曾和我分享了这样一个故事：

高中的时候，有一段时间，她很迷恋听广播。然而，由于学业紧张，留给她听广播的自由时间却并不多。后来，她便自作聪明地想了一个好办法，那就是每天放学后，边听广播边学习。

当时，她很是为自己的"机灵"高兴，以为自己完美地解决了利用同一时间做两件事的难题。她说："听广播是一种放松，而学习是一种紧绷，这一紧一松，刚好互相弥补，并不会造成太大的影响。"

然而，现实却狠狠地教训了她的这种自以为是。她发现，当她在听广播的时候，根本静不下心来学习，她的思绪总是会被耳机里的声音带走，即便是当她在听一些没有歌词的轻音乐时，她的注意力也很难集中。

这种情况导致的结果就是，她的学习效率大大降低，原本一个小时就能复习完的功课，可能两个小时也做不完。最后，时间浪费了，学习没学好，广播也没听尽兴，得不偿失。

其实，在现代社会中，由于生活节奏不断加快，我们常常会感觉到自己的时间不够用。于是，像这位朋友一样，选择同时做两件事的人便越来越多，在大家看来，这似乎也成了一种很正常的现象。比如，边吃饭边玩手机；边听音乐边工作等。这种同时做两件事情的行为，看似是在高效地利用时间，实则会在不知不觉中造成更大的压力。

生活宜简,不宜满

我始终认为,专注是一件非常重要的事情,虽然从表面上看,同时做两件事情或者多件事情会更节约时间,但从本质上来说,还是逐一做完该做的事情更有效率。

这是因为,当同时在做两件事情或多件事情的时候,我们的注意力往往无法集中,压力也会不断增加,越向前推进,做事情的压力越大,事情就越有可能变复杂。而如果我们心无旁骛,专心致志地做一件事情,那么,无论是工作还是思绪,都会变得井井有条。

以边吃饭边玩手机为例,当我们在同时做这两件事情的时候,我们往往既不能用心地品尝饭菜,也不能专注地玩手机。而如果我们选择一件一件地做,吃饭时就认真吃饭,玩手机时就尽兴地玩手机,那么,我们才能把每一件事都做好,才能最大限度地释放自己的压力。

总之,心守一事是一种重要的处事原则。只有当我们认真秉承这种做事的态度,一次只专注做一件事,尽可能不同时做几件事情,我们的工作和生活才会变得更有序、更简单、更舒适。

2

全线凑合状态的解药是——专注、专注、再专注

在雷军的七字诀"专注极致口碑快"中,他将"专注"排在了第一位。对此,雷军的解释是"少就是多",他说:"在今天喧

嚣社会里面少就是多，当你少做一点事情的时候、当你专注做事情做好的时候就是多。"

提到专注，我不禁又想到了另外一件发生在我身上的真实故事：

我有一个朋友，年长我10岁，虽然同在一个城市，我们却难得聚到一起吃顿饭。

去年冬天，在一家小餐馆一边吃虾，我一边和他讲起这几年自己涉足的领域，内心里有一点点小小的满足和得意，渴望得到他的肯定。之前的合作中，他虽然并非我的导师，却是支持我的人，亦师亦友。

我说完，他没有说话。我鼓起勇气问他："如果你给我一个建议的话，会是什么？您取得的成功源于什么呢？"

他喝了一口茶，淡定地说："现在的你像八爪鱼，没有专注在一个点上，想同时做的事情太多。我们吃饭的这一个小时，你也不时拿出手机，怕耽误了回复信息。有些事，真的那么重要？"

之后，他讲起了自己年少时的经历。本科毕业时，他在一家刊物做编辑，为了做好这份工作，本不是语言专业的他，通过向有经验的人学习、请教和学习语言文字相关科目，竟然考取了编辑资格证。那四年的时间，他一直在专注于一件事——做编辑的工作。四年以后，他获得了升职机会，成了刊物的主编。

透过朋友的话语，反观我自己，感觉自己就像一个忘我的小孩在玩沙子，玩得津津有味。我强调幸福快乐，带着大家边学边获

得幸福，也误以为自己可以做到边工作边娱乐。

2018年，我跟许多人一样，迷上了刷抖音、看微博。有一个月，每天晚上我都会在刷抖音、看微博的同时写一些东西，有时还要和出版社的编辑沟通。

刚开始，这种三线作战尽在掌握的感觉好极了，觉得自己既娱乐了，工作也没耽误。几天下来，郁闷的事来了：编辑反映稿件前后矛盾，逻辑不通。微信朋友圈和微博也并非时时有新鲜事。之前刷一次微信朋友圈用时5分钟，单独工作用时15分钟。两件事同时做，半小时也不能同时搞定两边的事情。结果是什么都没做到最好，幸福感很低。

那次聚餐结束后，仿佛被醍醐灌顶的我领悟出了一个重要的道理：无论做什么事情，想要通过多线程去提高效率都是不可能的。正如饭要一口一口吃一样，事情也必须一件一件地做，要想提高效率，要想力求完美，那么，专注永远是唯一的不二选择。

虽然，多线任务处理看上去很美，但操作起来却很难。在现实的生活中，或许有人认为自己可以边听歌边看书、边工作边聊天，但倘若我们认真观察，就可以得出一个结论——大部分人如果真的同时做两件事情，会有主次之分，或者是同时做的事中有一件不用太费脑子。比如，真正用到大脑双线操作的同声传译，一个专业译员连续工作的时间是15分钟，超过20分钟就会疲惫不堪，需要让同伴替换工作。

如果抱着差不多的态度做事，开会时刷微信朋友圈，那么会议内容只能听个差不多。和他人聊天时玩手机，交流也只能是差不多。这种"差不多"的习惯一旦养成，只能"差不多"地活下去，无法享受极致的生活，"一鸣惊人""完美主义"这些词将和我们无关。

所以，我想告诉大家的是：这种多线操作，全线凑合状态的解药是——专注、专注、再专注。

3
专注是一种积极的生活态度

心无旁骛，认真专注，这不仅是一种重要的处事原则，更是一种积极的生活态度，它能够帮助我们更好地构建属于自己的内在世界，让我们收获更简单、更单纯的快乐。

记得有一年去旅游，我曾在景区的小店门口看到过这样一个游戏：15分钟之内，如果能在白纸上连续无误地从1写到500，那么，就能赢得丰厚奖品，否则就需支付游戏费用。

这个游戏看上去十分简单，几乎没有任何技术含量。然而，在我短暂停留的那半个小时里，虽然参加游戏的人有很多，但最后能赢得挑战、获得奖品的人却几乎没有。大家普遍的反映都是"数字太多，烦躁写不下去了""一看手机注意力就分散了，很容易出错"……这其实就是缺乏专注力的连锁反应。

生活宜简,不宜满

的确,在这个浮躁的世界,专注力似乎已经成了一种稀缺的品质。翻开书本,才翻读几页就放到了一边;立志健身,锻炼几日便打了退堂鼓;制订了诸多计划,却总是拖延症缠身……如果你认真观察,就会发现,类似的情况几乎已经成为年轻人的通病。而这种通病导致的直接后果就是当代的年轻人正在被躁气吞噬,已经越来越难以管好内心、淬炼平和的心性、感受生活的单纯和快乐。

我非常喜欢的作家严歌苓,有一次在做指甲时,工作人员提醒她说:"你电话响了。"她说:"让电话响吧,他要说什么话会比我现在要做的事还重要呢。"

……

总之,专注是一种力量,它不仅能帮助我们更好地获得成功,也能够帮助我们更好地修炼心性。正如奥地利诗人里尔克写到的那样:"人若愿意,何不以悠悠之生,立一技之长,而贞静自守。"让我们放下手机,改掉三心二意的毛病,从读完一本书、完成一个计划做起,努力去培养自己的专注。

不要假装很努力,结果不会陪你演戏

1
微信朋友圈的假装努力只能感动自己

好友阿雅上次吃饭的时候跟我们抱怨了这样一件事:

小长假的前一天晚上,阿雅和另外一个同事因为一项任务还没有完成,两人在办公室加班,大概晚上七点多的时候,加班结束离开的阿雅和同事决定一起去吃晚饭。晚上九点左右,他们吃完了饭,独自回家的阿雅打开手机,发现同事在微信朋友圈发了一条动态:加班加到现在,越努力越优秀。下面还配了一张办公桌的照片。

阿雅觉得无语又好笑,同样是晚上七点离开的公司,吃饭到九点,这位同事却假装在微信朋友圈里塑造辛苦加班的形象,并且假装得心安理得。阿雅的话我们都颇有同感。其实在我们身边,有许多如阿雅一般的人。

侄女有一次也跟我抱怨她的大学室友小茵,平时上课经常迟

到或者早退，小组作业时基本找不到人，到了每个学期末复习时，小茵就跟着宿舍的其他人一起去泡图书馆和自习室。到了图书馆，别人在学习，她却是一边玩手机一边吃零食，舍友催她学习，她不耐烦地说"再等会"，等到图书馆快闭馆了，她才匆匆忙忙地翻开书装模作样的作笔记。图书馆熄灯了，她和舍友一起收拾东西走人，顺便拍一张夜晚的图书馆照片在微信朋友圈"打卡"：今天又是努力学习的一天，每天都能见证图书馆的闭馆。

结果成绩下来，小茵挂了好几科，小茵愤愤不平地说："我这么努力，怎么就得到了这种结果，真是不公平。"

每个发在微信朋友圈的假装努力，除了感动自己以外，都没有任何作用。偶尔去一次健身房，拍张自己汗流浃背的照片发在微信朋友圈里，仿佛自己就是健身达人了；偶尔买本书发个微信朋友圈，就当作已经看过了；晚上嗨到半夜，拍张夜晚的天空的照片再发到微信朋友圈，就假装自己加班到深夜了……

骗别人很简单，骗自己却很难，结果不会说谎，真正的努力，不是通过微信朋友圈才能展现的。

2

方向错了，你越努力，只会越来越偏离正确的路线

我大学时的一位同学，但凡提到她的人，没有人不说一句"她真的太努力了"。从大一开始，她就立志考研，每天都第一个

到教室，下课了最后一个离开教室。大学的课堂是很松散的，很多人做别的事情，玩手机睡觉的大有人在，老师也不会管，但是她每节课都听得相当认真，记笔记的笔没有一分钟放下过，完美复制PPT的全部内容，下课了也会准备一堆问题向授课老师请教。

上课时老师提过的参考文献，她必定会去图书馆找到原件；老师说过的真题，无论她跑几个书店也要把它买到；老师推荐的讲座，她没有一节落下过，每天就是教室—食堂—图书馆的三点一线，日复一日，从未间断。

但即使她这样努力，成绩却并不是我们班上的前列，反而位列倒数，班里有个同学一个学期没有听课只靠复习都能轻松超过她，她非常崩溃，自己是全班最努力的学生，为什么还不如根本不努力的同学。

她没有反思过，自己的失败并不是因为不够努力，而是努力的方向不对。她上课时致力于将老师的PPT和讲义全部记在笔记上，却忽略了对讲授内容的理解。真正懂得学习的人，是善于思考和理解的人。让自己的努力能用在正确的地方，合理安排时间和精力，才能达到最好的效果。

我的前同事老李，说是"加班狂"一点也不为过，从来不曾迟到早退。每天其他同事都下班了，他仍然屹立在自己的岗位上，工作的努力程度连隔壁公司都有所耳闻。

按理说，这样一位兢兢业业的员工自然是风评甚佳的，但是

绩效和客户反馈却和他的努力成反比,老李的口碑并不好。记得有一次与老李对接的客户私底下跟经理抱怨让他换一个人过来对接,虽然老李好像很认真勤奋,但总是不能理解自己的意思,做出来的方案和自己想要的总是大相径庭,希望经理换一个能理解客户需求的员工来对接。

后来经理派了同事小刘去接替老李,小刘的脑筋转得很快,能很好地理解客户的要求,策划需求方案也是一把好手,接替老李没多久,小刘就漂亮地完成了任务。

老李很努力,但是并没有努力到点子上,他只是看起来很努力,但是这种努力并没有实际作用。不经过思考的努力只是低端的努力,用这种努力来感动自己,只能原地踏步,不会让自己得到提升。

我们都知道"天道酬勤",但有些人觉得不公,明明自己很勤奋了,可上天为什么没有让自己收到效果呢?天道酬的不是虚假的只能感动自己的"勤",不要用表面的"勤"去掩盖实际的"懒",清醒的认知和正确的方法才能让勤奋收获回报,这才是天道酬勤的正解。

3
最可怕的"努力",是忙得心安理得

有时候,努力在一些人的眼中不是为了能得到什么结果,而

是把努力当成一种心理安慰，自己"努力"过了，所以心安理得。

我有一位老朋友，前些日子辞掉了工作回归家庭，成了一名全职主妇，我们在一起聊天的时候，经常听到她的牢骚和抱怨："我还不如去上班呢，全职主妇比上班时候累太多了，我每天没有一刻是闲下来的。"

我能理解她的辛苦，但同时我也经常劝她，有时候自己的辛苦其实是不必要的，可以用办法避免。比如，她喜欢东西随拿随扔，下次要找的时候至少要翻上大半天；早上去买菜，一点儿小事也会跟摊主起争执耽搁半天时间；饭后不及时清洁厨具，等油凝固后还要费双倍的力去清洗碗碟；现在大家都在网上缴水电费了，可她还是搭几站公交车去营业厅缴费，等等。其实如果她把东西用过后及时归位，与他人交流时注意语气态度，及时清洗厨具和家庭用品，善于学习电子产品，她可以节省很多时间。

我非常肯定家庭主妇的价值和对家庭的贡献，但用辛苦来安慰自己，懒得去探寻是否有更好的办法，把忙作为自己在努力的证明，忙得心安理得、理所应当。其实，这也是一种可怕的无效努力。

真正的努力，不是比谁花的时间更多，谁做的事情多，谁把自己虐得更惨，而是能够全身心地投入，用专注和热情持续浇灌，在有效的时间内，做出更多有意义的事情。

不是你没有时间,而是你被消耗得太多

1
不要把娱乐八卦当成最大的消遣

有一次,我们几个朋友聚会,酒足饭饱后,大家聊到了娱乐八卦。

朋友A说:"某女明星真伟大,离婚后自己带着两个孩子生活。"

朋友B赶紧打岔道:"你消息也太落后了,她早就有了新的感情归属了。"

朋友C又接话道:"对呀,前段时间她不是还闹得沸沸扬扬的吗?"

就这样,大家你一言我一语地聊着,只有角落里的灿灿插不上嘴,闷头吃着饭。这时候,不知道是谁冒出了一句:"灿灿,你怎么看呀?"

被点名后灿灿温和地一笑，摆摆手说："我很少看娱乐八卦，所以没有什么看法。"

这位朋友不死心，又追问道："不看娱乐八卦？那你平时都看什么呢？不无聊吗？"

灿灿又是一笑："怎么会无聊呢？有看这些娱乐八卦的时间，还不如多读点儿书给自己充个电呢！明星的起起落落、生活琐事我不关心，也没那精力，毕竟他们不会给我钱花，也不会给我饭吃啊。"一席话，说得大家无地自容。

其实，作为好朋友，我知道灿灿对于娱乐八卦是从来不感兴趣的，她的业余时间，几乎都花在了充电和学习上，也正是因为将别人娱乐消遣的时间用来提升自己，所以灿灿这些年一直在进步，从事会计工作的她，不仅已经拿到了高级职称，还因为工作出色，年纪轻轻就被提拔成了部门负责人。

现如今，许多人总是喜欢感叹时间太少，完全不够用，可是，他们却没有反思过，这些原本就有限的时间，又有多少被他们白白浪费在了毫无意义的娱乐八卦之中？

拿我自己来说，有一段时间，我对于娱乐八卦也十分热衷。

记得那时候，每天打开电脑后我就会习惯性登录QQ，QQ登上之后会强制性弹出一个新闻窗，我会习惯性地去点开娱乐新闻，看一看最新的明星动态。尽管每次，我并不是刻意地要去点开那些娱乐新闻，而我本身也并不是真正意义上的追星族，但在那个过程

中,时间往往就在不知不觉中流逝了,原本属于我的工作时间就被无情地占有和挤压了。那段时间,我的工作效率格外低下,尤其是早上的工作时间。

后来,我开始反思自己的这种行为。我意识到,不管是哪位明星又去哪儿走秀了、哪位明星又拍什么电影了,还是新生代的偶像们又穿什么衣服了、和谁在一起了,其实这些和我的生活都没有半点儿关系。而我,却愚蠢地把有限的时间和精力浪费在了去围观这些与我毫无关系的事情上,然后心情还要随着波动几个回合,实在是不明智。

认识到这一点后,我便很快就纠正了自己的习惯,再也没有将自己精力最好的时刻用在八卦娱乐上。我发现,当我这样做后,我的工作效率明显提高,我的精力也更集中了,连带着我的生活都井然有序了起来。

我们每个人的时间和精力都是有限的。所以很多时候,并不是我们没有时间,而是我们将时间错误地花费在了不该花费的事情之上,被消耗得太多。所谓的简单生活,其核心理念便是要弄清楚什么是对自己最重要的事情并聚焦在这件事情。

所以,从这一刻起,不妨收回你放在娱乐八卦上的时间和精力,去做你真正该做的事情。相信当你这样做的时候,你一定会重新寻找到生活的另一种简单的幸福和乐趣。

2
少玩手机，省时又省力

除了娱乐八卦，手机也是重要的"内耗"品。前两天，我约朋友小敏出来玩。结果，刚见面，她就亲热地搂着我拍了张合影，然后拿出手机低头忙得不亦乐乎。

我问她："干嘛呢，这么认真？"

她头也不抬地说："发个微信朋友圈。"

后来，在整个聚会的过程中，小敏几乎一直在玩手机，我尝试着找了许多话题和她聊天，无奈，每次她基本都是短暂地从手机中抽离一两分钟，然后又孜孜不倦地投入了手机的世界中。

小敏的举动让我有点不悦，也有点尴尬，我想，再聚下去也没有意义，还不如我自己回家读书去，于是便提议请她吃个午餐，想尽快结束这场聚会。结果，饭菜上来后，我刚想动筷子，小敏立马便拦住了我，对我说："先别吃，我先拍个照。"然后迅速拿出手机，做出了拍照的架势。

等她拍完照，又是摆弄手机发微信朋友圈，不知道是不是前面发的朋友圈有人评论了，她还一边傻笑着一边迅速舞动着手指打字。在这个过程中，我觉得自己的耐性被消磨光了，于是，便不再顾忌礼仪，拿起筷子三下两下吃完饭，埋完单，没再看她一眼就走了。

生活宜简,不宜满

原本是觉得许久没见,想趁着有时间见个面、聊聊天,哪知,这场聚会却让我感觉糟糕透顶,有种再也不想约的绝望。

其实,我知道在现实的生活中,像小敏这样的"手机发烧友"还有很多。从早上起床到晚上睡觉,他们几乎一刻不闲地拿着手机把玩,翻看微博、微信朋友圈、给朋友点赞、和不同的人聊天,在海量的信息中,在浩瀚的网络世界中,他们一点点消磨着自己的时间和精力,不可自拔。

记得知乎上曾经发起过这样一个讨论话题:你曾经经历的最恐怖的事情是什么?

在众多的回复中,有一个答案尤其让人记忆深刻——断网。这个略显荒诞好笑的答案却说出了许多人的心声,得到了很多网友的点赞。而这个回答,也不得不让我们重新审视当代人的生活:随着智能手机的功能越来越完善,我们对手机的依赖也越来越严重,我们被消耗掉的时间和精力,也变得越来越多。

如今有一个可怕的现象:许多人可能没有时间陪伴孩子、陪伴家人,但一定有时间玩手机;许多人早晨睁开眼的第一件事一定是摸摸手机在哪里?而晚上睡觉之前的最后一件事也一定是看看手机。许多人原本规律、健康、简单的生活,正在被手机一点点消磨、摧毁。

很久之前,在网络上曾流行这样一句话,"百年前躺着吸鸦片、百年后躺着玩手机。"的确,今天的智能手机就犹如曾经的鸦片一样,正摧残着我们,它占用着我们的休息和工作时间,它吞噬着我们的身体健康,他让我们与家人、朋友的距离越来越遥远。

而说到为什么要玩手机,许多人给出的答案都是因为孤独、无聊。在他们看来,利用坐公交车、地铁等闲散的碎片时间追剧、刷微信朋友圈是最好的打发无聊的工具。殊不知,这种"以毒攻毒"的消遣方式,其实并不会驱散我们的孤独,也不会提高我们的工作效率,反而只会让我们的内心变得更空虚、更复杂。

关于这一点,卡内基梅隆大学的研究者罗伯特·克劳特就曾给出证明。通过研究他发现,人们上网频率越高,就越感到孤单沮丧,幸福感和与周围人的联系就越低。

所以,玩手机并不能让我们的生活变得更好,相反,还会带给我们一系列的负面影响。既然如此,为什么我们还要把宝贵的时间和精力花费在毫无意义的玩手机上面呢?不如多做一些有意义、有价值的事情。如此这般,我们距离简单幸福的距离,才会更短。

3
试着将碎片化的时间重新拼凑,回归简单生活

不可否认的是,如今,我们正身处在一个生活节奏越来越快的时代,我们的生活,似乎也相应地变得越来越忙碌,忙着找对象,忙着结婚,忙着买房子、车子,忙着要孩子、养孩子,忙着找工作、干工作,忙着开会,忙着一个又一个的应酬……生怕停下来

就会有不堪设想的后果。

如果你问身边的朋友"最近在忙什么",相信你得到的答案十有八九都是"瞎忙"。

《生命时报》曾经联合互联网就忙碌这一话题进行了一项调查,结果,在接受调查的1500多人中,有52.2%的人表示"太忙了,几乎没时间休息",56.6%的人会习惯性地问朋友"最近你在忙什么",38.4%的人表示每天几乎没有休闲时间,32.1%的人表示"不知道都忙了什么,就是觉得没时间"。

这也从另一个侧面说明了,大多数时候,我们的生活看似忙忙碌碌,实则并没有那么忙碌。换言之,我们其实并不是没有时间,而是我们想要的太多,关注的太多,最后错误地将有限的时间花费在了不该花费的事情上,让原本简单有序的生活变得忙碌慌乱。

有一段时间,我曾心血来潮地用工作记录软件记录过一天的作息时间。我发现,在我所记录的内容里,原本应该用来工作的八个小时,基本只有3~5个小时是在真正地工作。

那么,剩余的时间都去哪儿了呢?

我粗略地统计了一下发现,QQ与微信聊天平均每天要花掉1~1.5小时,浏览娱乐新闻、刷抖音每天要花掉1~1.5小时,刷微博、看微信朋友圈、看QQ空间每天要花掉1~1.5小时,还有一些临时而来的求助、电话、约会,等等。正是这些琐碎的小事,让时间白白溜走了,也让我的生活和工作质量下降了。

并且,当我在做这些事情的时候,往往都是无意识的,甚至是违背"本心"的。比如,当我打开手机的时候,原本只是想看一下时间,可是忍不住就打开了抖音,于是,一上午的时间便在看短视频中度过了;比如,换季的时候,我原本是为了节约时间而选择网上购物,可是淘宝一打开,就刹不住车,结果网购的时间远远多过了去逛街的时间……

而通过观察我发现,存在同样情况的远远不止我一个人,身边的许多同事也都有类似的经历。

所以,在现实的生活中,我们之所以觉得工作太多、生活太忙,其实并不是时间太少,而是我们把太多的时间,都浪费在了无关紧要的事情上。

要想回归简单生活,让时间变得充裕,我们要学会把自己从**繁复**的事情中抽离出来,试着将碎片化的时间重新拼凑,并用在对我们最重要、最有意义的事情上。

第 7 章

让一切归零,
与时光握手言和,
与岁月温柔相拥

每一段时光,都有自己的使命。当你决定让一切归零,与时光握手言和,与岁月温柔相拥的那一刻,这段时光的使命也就完成了,因为,它教会了你成长。越长大,越明白,过去的一切,零碎的、完整的、不堪的、确幸的,其实都是人生不可或缺的重要组成部分。

爱过的人,走过的路,成就了我们的人生

1

大约每个人的心中,都藏着一段"再也回不去"

记得电影《后来的我们》刚上映时,我和闺蜜一起去电影院看的这部影片,当时被感动到哭得稀里哗啦。

影片讲述的是:在北京读书的小镇青年林见清,在春运的火车上,遇见了方小晓。两人携手走过北漂的艰辛困顿,春夏秋冬的漫漫长夜,却在"黎明"到来时分道扬镳,一别两宽……

后来他们在飞机上再次相遇,林见清问:"如果当时你没走,后来的我们会不会不一样?"

方小晓回答:"如果当时你有勇气上了地铁,我会跟你一辈子。"

可惜人生不能推倒重来,现实没有如果,只有结果。一切都回不去了。

初闻不知曲中意,再听已是曲中人。我想我之所以哭,是因

为这部影片写出了自己的故事。因为那时候,我与错过的他,也是刚好十年。我与他,也是回不去的"后来"和"遗憾"。

我哭的是自己。和方小晓一样,在我的心里,也藏着一段永远也回不去的时光和一个爱而不得的人。

我与他相识于一场传纸条式的聊天,那是一个炎热的夏天,每个人都汗流浃背,但有共同话题的我们好像有说不完的话,聊到了彼此的心里。

他是一个稳重而有耐心的人,年少的我不似现在沉稳,而他包容了我所有的任性和坏脾气。那时的我们就是"我在闹,他在笑"。

他可以在大街上给我拿包,蹲在地上给我系鞋带;他可以把我顶在头顶转圈圈,吓得我哇哇大叫;我们在一起努力工作,努力面对生活……

我们都是性格开朗的人,笑点相同,经常把对方逗得哈哈大笑。彼此什么是合适?我喜欢的东西,恰巧你也喜欢,这大抵就是合适了。

他是我见过最体贴也是最细心的男生,可以从容不迫地把周遭的一切都处理妥当。和他在一起,我从来都不会感到担心或难过,和他去哪里我都充满了安全感,现在想来,信任这东西,其实在成年人的世界里挺难得的。

那时候,同在深圳打拼的我们好得就像难分难舍的连体婴儿,我爱着他,他宠着我,我们从未想过,时光的机器有一天会将我们分离。

应该说，我们的分开，都有赌气的成分。刚开始时，花一样年龄的我相信他会回来找我，可他就像是消失了一样，我赌气删除了他的联系方式，还给他发了分手信息："曾听人说，最后陪在身边的，一定不是最开始心动的那个人，起先我还不信，现在终于明白，余生终究要分开走。谢谢，再见。"

再后来，我和大熊结了婚。

就如电影《后来的我们》一样，男女主人公最后还是渐行渐远，漫天的大雪淹没了他们的脚印，就好像他们从来没有出现过一样，只留看客唏嘘。

而现实中，又有多少类似的情节反复上演呢？人生如戏，大约每个人的心中，都藏着一段"再也回不去"吧。

2
最终，我们都把彼此变成了最熟悉的陌生人

往往看似潇洒坚强的姑娘内心大多都是敏感脆弱的，因为她们需要坚硬的盔甲来武装自己，抵御残酷的现实带给她们的伤害。

我就是这样的姑娘。

最初分开的时候，我觉得自己的灵魂仿佛都已被连根拔起，疼得无法呼吸。即便如此，我仍然装出一份若无其事的样子，小心翼翼地维持着自己脆弱的自尊。

生活宜简,不宜满

在他离开后的好长一段时间里,我都表现出一副无所谓的样子,仿佛我不去想他,他就可以不存在。

每当有人问起他,我从开始的惊慌失措到后来的坦坦荡荡,"我早已不再爱他,失去我是他的损失",当这话说得多了,不仅旁人信了,连我自己都相信了,我以为自己真的忘记了过去,缺失的心早已被补齐了。可在梦里见到他,我还以为我们在一起,相互依偎的身影,将梦里的世界照得一片闪亮。

再后来,我开始告诉自己,要接受现实,要善待自己,就让我们之间的林林总总,一切的美好、一切的遗憾,都留在从前吧。现在,我要真正开始一个人的旅程了。

这样想的时候,我便一点点封存了关于他的记忆,每当在夜深人静时被思念碾压得无法动弹的时候,我都会一遍遍地说服自己选择放下。

我相信,在许多人的内心,都住着一个注定无法拥有的人。这世上最悲伤的故事,不是我们什么都没有,而是我们什么都有了,却没有了"我们"。既然往事不忍回忆,那么,不如就放过自己,带着遗憾,继续前行。

3

这是我与爱情的和解,也是我与生活的和解

时光真是最好的解药。后来,我好像就真的放下了。当我每次想起他的名字时，尽管内心依然会波涛汹涌，可是我已经能做到努力去克制和缓解。

甚至，我开始遗忘曾经以为永远都会铭记的相处画面。我觉得，那些曾经真实存在过的日子，好像真的被我遗忘了，就好像它们从来没有存在过一样。

在分开后的第七年，我前往深圳出差，在机场，我们匆匆见了一面。

在相聚的那一刻，我的心依然尖锐地疼痛起来。只是，这种疼痛只持续了短短数秒，就被我悄无声息地压下去了。那天，已经不再是情侣的我们，更像是许久未见的老朋友一样，互相打招呼问好，聊着各自的事业和人生，调侃着认识的老朋友和同事，感慨着时光飞逝……

而我，仍是像从前一样，装作没心没肺笑看人生，装作我眼前的这个人真的只是一个许久未见的老朋友。这场平凡的相遇，我似乎装得很辛苦，但我又似乎很幸福。

在深圳机场分别时，他沉默了半晌说："我们真的成了一转身就是一辈子的人。"我含笑不语，眼圈微红。其实我很想告诉他，最终，我们都把彼此变成了最熟悉的陌生人。

那些我们曾以为紧握在手中的时光，都在漫漫岁月里变成了回忆，最后变成了一个个最熟悉的陌生故事。尽管如此，我依然感谢他，在最美的年纪，以最美好的姿态，来到最好的我身边，给了我

一段最好的回忆,让我单调的人生,变得丰盈而灿烂。我相信他亦如此。

现在的我们,好像比原来的自己优秀了许多,也成熟了许多。以前觉得是梦想的东西,现在似乎都已经实现了。只是,身边最想留住的人已经不在了。

只是,那又有什么关系呢?那些曾经爱过的人和走过的路,成就了更好的我们,也成就了我们的人生。我想,这是我与爱情的和解,也是我与生活的和解。

与其花时间提升物的档次,不如花时间提升自己的内涵

1

真正的提升,不是提升物的档次,而是提升自己的内涵

我认识一位朋友Z哥,据说他是一个非常讲究格调的人。

在Z哥的家里,有一整面墙的书架,书架上摆满了各种书籍,从经济到军事到文学作品,应有尽有。

记得我第一次到Z哥家的时候,看到这么多书,十分惊喜,理所当然地把Z当成了爱书之人,并和他聊起了一些自己喜欢的作品。没想到,Z哥却一问三不知,所接的话,也和我聊的话题风马牛不相及。后来,我再仔细观察这些书的时候,才发现,这些书大多都很新,一看就没怎么翻阅过。

除了书以外,Z哥的家里还有许多能彰显文化气息的摆设。比如,在Z哥的客厅里,挂着两幅我很喜欢的新锐画家的画作。在最

初看到那几幅画作的时候,我一度以为找到了知己。然而,后来在和Z哥聊天的时候才得知,原来Z哥压根不知道那几幅画究竟是谁的,和那一整面墙的书一样,这些都是装修的时候,设计师根据Z哥的要求一手采办的。

除了对家居有很高的的要求外,Z哥在其他方面也极其讲究。

然而,这样的Z哥却不能开口说话,因为一旦他开口,那些脱口而出的脏字就会让他努力维系的涵养不攻自破。

因为善于交际,本身又混得不错,所以Z哥的朋友很多。然而,这些当着Z哥的面恭维他、夸赞他的朋友,背后却没少揶揄他。

事实上,通过和Z哥为数不多的交流,我能感受到Z哥内心希望将自己打造得更有内涵、更有文化的强烈欲望。只是,在这个过程中,他却跑偏了方向,总是试图通过提升物的档次去提升自己,却没有从自身出发,花时间去提升自己的内在和涵养。

其实,在现实的生活中,像Z哥这样的人还有很多。随着物质条件的不断丰富,随着经济条件的不断宽裕,许多人在满足了自己最基本的生存需求后,就开始追求精神需求,渴望让别人看到更不一样的自己。于是就会通过各式各样的方式去完美地包装自己,这种包装,又主要体现在花时间提升物的档次上。

殊不知,包装得再好,如果思想没有得到同样的提升,那么,他们所呈现给外界的,就只是一张华美而虚假的面皮,并不是真正的自己。而要想真正做到提升自己,首先就要从提升自己的内涵、加强自身的修养开始。

毕竟,面皮披久了,总有暴露的一天,而那些属于自己的丰富的精神世界和良好的修养,才是永远不会褪色的人生资本。

2
真正的富有,绝不是物质的拥有,而是精神的富足

现如今,提到"富有"这个词,总是有人对它怀有很深的误解。在许多人看来,富有的表现就是有很多钱,开昂贵的车,住豪华的房,每日名牌傍身,出入皆有人簇拥。不可否认,这些外在的拥有,的确是一种简单粗暴的富有表现形式,只是,从本质上来说,它并不是富有的全部。真正的富有,并不是表现在外在的物质上的,而一定是表现在内在的精神上的。

换言之,金钱并不是万能的,真正的富翁,不一定拥有万贯的家产,但一定会拥有高贵的精神。正如沃伦·巴菲特所说:"我们应该过简单的生活,做精神的富翁。"一个人要想变得富有,那么,他所需要做的努力,一定不是花时间提升物的档次,而应该努力去提升自己的内在涵养。

古往今来,许多最贫穷的"富裕者"们,都深刻地证明了这一点。

一箪食,一豆羹,亦不改其乐的颜回,从表面看是一个不折

不扣的穷人，可是却在书籍中收获了精神的富有。

过着简单生活的陶渊明，没有华贵衣衫和名贵珠宝，却咏出了"采菊东篱下，悠然见南山"的闲情雅趣，拥有"不为五斗米折腰"的高洁品格和"晨兴理荒秽，带月荷锄归"的丰富世界。

一生穷困潦倒，颠沛流离的杜甫，却始终怀揣一颗赤诚之心，心系天下苍生，心系大唐安危，用品格的刻刀和精神的金石在人们的心里刻下了"安得广厦千万间，大庇天下寒士俱欢颜，风雨不动安如山！"的不泯文字。

毅然抛却国外优越条件，在贫瘠中探索科学奥秘的钱学森，完美诠释了"名利于我如粪土，或功禄于我似朽木"的内在品格。

真正的富有，绝不是物质的拥有，而是精神的富足。岁月荏苒，沧海横流，那些外在的物质富裕皆会随风而逝，只有精神的富足，得以永远镌刻在历史的长河之中，任斗转星移，历经千秋万世而光彩依然。

3

遇过的人，读过的书，走过的路，都藏着你的涵养

物质的富有是表面的、虚浮的，只有精神的富有，才是深刻的、隽永的、永恒的。从这个角度来说，要想成为更好的自己，那么，就要花时间去提升自己的内涵，而绝非花时间去提升物的档次。

很多人可能会生出这样的疑问：究竟应该怎么去提升自己的内涵呢？要回答这个问题，我们还是要从内涵的构成说起。归根结底，你遇过的人，读过的书，走过的路，这些都是决定你内涵的关键因素。

遇过的人：满怀感恩，有所取舍

终其一生，我们每个人都会遇到许多人。有些人，也许只是我们生命中的过客，匆匆而来，只陪伴我们短短一程；有些人，也许会成为我们生命的挚爱，会陪伴我们度过漫长的岁月。而无论是面对哪一种人，心怀感恩、温暖友善都应该成为我们与人相处的基本准则。

遇到爱你的人，学会回报；遇到你爱的人，学会付出。

遇到你恨的人，学会原谅；遇到恨你的人，学会道歉。

遇到欣赏你的人，学会笑纳；遇到你欣赏的人，学会赞美。

遇到不懂你的人，学会沟通；遇到你不懂的人，学会理解。

要知道，我们的涵养，往往就藏在我们对待他人的态度中。当我们学会以豁达、简单、感恩的心态去面对他人的时候，我们也一定会收获快乐、美好的自己。

读过的书：改变气质，沉淀灵魂

曾国藩说："人之气质，由于天生，很难改变，唯读书则可以变其气质。古之精于相法者，并言读书可以变换骨相。"

读书是一件享受的事情，它能带给你愉悦感和成就感，读书

与不读书的人,日积月累,终成天渊之别。

也许有人会说,即便你读再多的书,懂再多的道理,可是过不好这一生,依然没有用;还有人可能会说,一个人读过很多书,但是后来往往大部分都忘记了,这样的阅读又有什么意义呢?

的确,读书并不意味着我们的人生就一定会过好,也从来没有人可以笃定地说自己读过的书一定不会忘记。但是至少,读书可以让我们的人生变得更厚重、更理性,那些读书的过程,也会让我们的内心变得更丰盈、更立体。一个人认真读过的书一定是会融进他的灵魂的并沉淀成他的智慧和情感。

读书不一定会给我们的生活带来多么实质的好处,但至少,它可以让我们活得更真实、看得更真实。它能够让我们明白,我们还有精神生活,还有梦想,还有追求,还在奋斗,并且,我们还不满足,还在寻找生命的另一种可能,另一种生活方式。

换言之,读书,是为了让我们避免被琐碎生活打磨得麻木不仁,也是为了让我们成为内心更丰富、更有温度、更懂得思考和情趣的人。

走过的路:一路风清,且行且惜

有人说,身体和灵魂,必须有一个在路上。读书是让我们的灵魂在路上,我们走过的路、看过的风景,是让我们的身体在路上。

古人告诉我们:"读万卷书,行万里路。"诗人北岛也告诉我们："一个人所行走的范畴就是他的世界。"

从某种程度来说，旅行、行路，其实也是一种阅读，只是，它读的是一本无字的书。或者说，如果读书是在字里行间行走的话，那么行路就是在阅读天地万物，一草一木都被我们辨识。

在途中，我们会经历许多有趣的事，看到许多美妙的风景，遇到许多不一样的人；在途中，我们的视野和格局会变得更宏大；在途中，我们会更了解世界、了解他人，也更了解自己。

有人说："人间没有永恒的风景，没有永远的人，但也不必悲观，毕竟生活不止眼前的苟且，还有诗和远方。"

也有人说："生命的禅意不在一经一卷中，而在一呼一念里；心态的超脱不在一字一句中，而在一言一行里。"

不管怎么样，多走一些路，总是好的。毕竟，你的涵养，也藏在你所走的路中。

有舍有得,随心而活

1
人生何惧归零,没有什么不能舍

古时候,"舍得"是一种重要的处世哲学。它强调的是要想拥有新的、更好的东西,就必须首先学会放弃旧的、已有的东西,将自己清零。

比如,要想拥有永恒的掌声,就必须放弃眼前的舒适;要想采得艳丽的山花,就必须放弃城市的安逸;要想成为优秀的运动员,就必须舍弃娇嫩白净的皮肤。

在现实的世界中,自然界的许多物种和现象都充分诠释了"舍得"的哲学。

比如,梅花和菊花之所以能够得到笑傲霜雪的艳丽,是因为它们舍得放弃安逸;时光之所以能走进硕果累累的金秋,是因为它舍得放弃春天的芳香四溢;船舶之所以能在深海中收获满船鱼虾,是因为它舍得放弃安全的港湾；大地之所以能够迎来旭日东升的曙光，是因为它舍得放弃绚丽斑斓的黄昏。

正所谓"有舍才有得"，人生只有懂得放弃，学会清空，才能拥有空间和时间去接纳新的、更好的东西。而那些总是一味地想要得到、不想失去的人，最终只会一无所获，让自己陷入崩溃的境地。

有人说，人生的高度应是一份知足的恬然，生命的高度应是当取则取、当舍则舍、善取善舍的那份安然。然而，这样的高度，未必是每个人都能拥有的。大多数时候，作为凡夫俗子的我们，总是向往去取得，总是以为多多益善，却无法参透，原来只有"舍"，才能"得"，"取"的前提必定是先"舍"。

不可否认的是，现如今，我们正生活在一个科技发达、物质丰富、充满竞争的现代化社会。大多数时候，我们的内心，总是会被世俗的名利和物质迷惑。于是，我们只想得到，我们只想将喜欢的、看中的、想要的一切收纳囊中，却不愿意舍弃。问题是，我们用来装东西的囊，本身就只有那么大，如果什么都想装，那么最后，势必什么也装不下。

于是，在这种纠结与矛盾中，我们的内心，便会被蒙上忧愁和不安的薄雾，我们的心灵，就会被挂上沉重的枷锁，我们终将变得越来越不快乐，越来越忧愁也越来越复杂。

或许，选择本身就是一个艰难的过程。但只有经历并承受了

这种艰难,只有懂得选择、舍得放弃,我们的人生才能腾出更多的空间去盛放那些对于明天更重要的东西,从而少一些遗憾,多一些快乐。

不要惧怕清零,更不要舍不得放弃,要明白,终其一生,我们所获得的一切物质都是外在的。只有当我们懂得舍弃这些本性之外的东西,勇敢去追求生活本身的淳朴时,我们的人生,才能真正得到升华,我们的生活,才会更惬意、更简单、更洒脱。

2
放弃,是一种更高的境界

孟子说:"鱼,我所欲也,熊掌,亦我所欲也,二者不可得兼,舍鱼而取熊掌者也。"法国艺术家杜拉斯也曾告诉我们:"人之一生,不可能什么东西都能得到,总有可惜的事情,总有放弃的东西。不会放弃,就会变得极端贪婪,结果什么东西都得不到。"

在人生的关键之处,在决定前途和命运的紧要关头,当我们面临选择时,必须要学会放弃。这时候的放弃,并不意味着失败,而是人生不得不做的一种取舍。这种取舍,是一种更高的境界和一种更明智的选择。

曾经看过这样一个故事:

在加拿大魁北克有一条南北走向的山谷。这个山谷最大的特色是它的西坡长满松、柏、女贞等树,而东坡却只有雪松。这一奇异景色之谜,曾令许多人感觉疑惑,最终,一对年轻的夫妇解开了这一疑惑。

时光要倒退到1993年的冬天。当时,这对感情正濒临破裂的夫妻打算进行一次浪漫之旅,试图再努力一次,寻找彼此曾拥有的深爱。

那天,他们来到山谷,天空正飘着鹅毛大雪,支好了帐篷的他们,坐在雪地上沉默地望着满天飞舞的雪花。他们发现,由于方向的特殊性,东坡的雪要比西坡的雪更大也更密。不一会儿,雪松上就落了厚厚的一层雪。

更有趣的是,他们发现,每当积雪达到一定程度的时候,雪松那富有弹性的枝丫就会向下弯曲,直到雪从枝上滑落。这样反复地积,反复地弯,反复地落,雪松自始至终都完好无损。

这一景观,让他们若有所思。良久,妻子才红着眼睛对丈夫说:"东坡肯定也长过杂树,只是不会弯曲才被大雪摧毁了。"

反应过来的丈夫,立马紧紧拥抱了妻子。就这样,他们在冰天雪地的山谷,重新找回了丢失的爱情。

在现实生活中,我们每个人都像山谷中的树,都会面临来自"大雪"的压力。只是有些人,因为懂得像雪松那样弯下身来,舍弃一些东西,所以他们便获得了更强健的生命力;而另外一些人,因为过于固执,不肯舍弃,所以遭遇了被压断的结局。

这个故事也告诉了我们,在人生的一些关键问题上,舍弃并

不意味着失败,而只是为了帮助我们更好地进行选择,让我们拥有更好的生活,做更真实的自己。

只有懂得放弃,我们才可以轻装上阵;只有选择放弃,我们才能更从容地前行。毕竟,在这个世界上,如果你什么都不舍得,什么都想要,那么你背负的东西,就会越来越多、越来越重,你的生活,也必定会变得越来越复杂、越来越沉重。

3
· 来去潇洒,有舍才有得

不可否认的是,在人生的旅途中,我们所拥有的许多东西都来之不易,也正是因为如此,许多人才不愿意放弃。

比如,如果我们想要让一位家财万贯的人放弃自己的财富,选择从零开始,回到平淡、朴实的生活中去,显然是很困难的事情。然而,人生的精妙之处就在于,很多时候,即便你再不愿意,即便你再不舍,你也必须做出放下一切的选择,否则,你所拥有的就有可能会成为你生命的负担和桎梏。

当我们来到这美丽世界的那一刻起,就注定了我们的一生一定不会是一帆风顺的,总是会经历挫折,也必须要进行取舍。成与败,得与失,不过都是人生的装饰。一路走来,繁花锦簇也好,萧瑟凄凉也罢,终究会成为过眼云烟,重要的,还是我们内心的感受。

在《茶馆》中，面对同样的遭遇，常四爷说："旗人没了，也没有皇粮可以吃了，我卖菜去，有什么了不起的？"而孙二爷却说："我舍不得脱下大褂啊，我脱下大褂谁还会看得起我啊？"于是，他的不愿舍弃，也阻断了他所有的生存之路，最终，他只能永远伴着他那只黄鸟。

生活中，由于心肠太狭隘，许多人总是舍不得，于是，他们也注定享受不到"得到"的幸福与快乐，甚至还会给自己的人生带来巨大的灾难。关于这一点，秦朝的李斯就是典型的例子。

作为一人之下，万人之上的丞相，当时的李斯可谓荣耀一时，权倾朝野。尽管，在达到权力地位顶峰之时，他曾多次回忆起恩师"物忌太盛"的话，有过回家乡过悠闲自得、无忧无虑生活的想法。然而，因为贪恋权力和富贵，他始终舍不得放弃。最终，他被赵高所忌，不但身首异处，而且殃及三族。在临刑前，李斯曾拉着小儿子的手感慨地说："真想带着你哥和你，回一趟上蔡老家，再出城东门，牵着黄犬，逐猎狡兔，可惜，现在太晚了！"或许在那一刻，李斯是后悔的，但醒悟过迟，一切都来不及了。

和李斯因为"舍不得"而遭遇灭顶之灾不同的是，作家尹萍却因为"舍得"而得到了更极致的人生快乐。

尹萍曾经做过杂志主编，翻译出版过许多知名畅销书，在四十岁那年，正处于事业顶峰的她选择了从权力的顶端退下来，当个自由人，重新思考人生的出路。这一选择，也让尹萍重新找到了

人生另一种不同的极致快乐。

后来,在谈到这段经历的时候,尹萍曾感慨道:"在其位的时候总觉得什么都不能舍,一旦真的舍了之后,才发现好像什么都可以舍。"

的确,全身而退本身就是人生的一种大智慧。这种大智慧,能指引我们走向更简单的快乐,也能带给我们更平和的心境。人生在世,得失成败本来就是不可控也不可逆的事情,正所谓来去潇洒,有舍才有得,当我们对人生的要求越少,我们所得到的的快乐就会越多。

不深究，不细想，是获得快乐的捷径

1
你之所以不快乐，是因为计较太多

前两天，下班回家的我，一眼就看到了站在小区门口玩耍的女儿。

正值七月，天气异常闷热，可是女儿却穿着长衣长裤，捂得严严实实，因为好动，半个脑袋都被汗水浸湿了。

想起出门前，我特意将背心和短裤放在了女儿床头，一再嘱咐婆婆，待女儿醒来后给女儿换上。在从小区门口走回家的那短短一截路程里，我不断压制着自己的怒火，给自己做积极的心理建设，告诉自己，不深究、不计较，减少烦恼。终于，在踏进家门的那一刻，我成功地将自己的暴脾气憋了回去，一场一触而发的婆媳大战，也因此而消弭。

回想起和婆婆相处以来，我们的矛盾似乎没有断过。都说婆

生活宜简,不宜满

媳是天生的"敌人",在生女儿前,因为我们住得远,来往不多,倒也相安无事。女儿出生后,由于我和先生工作都忙,便请来了婆婆帮忙照顾。到这时,我和婆婆之间的矛盾,也就多了起来。

婆婆总是按照传统的观念带孩子,而我则更倾向于科学育儿,所以总结起来,我们之间的矛盾,也基本都集中在带女儿的不同方式上。

比如,无论冬夏,婆婆都喜欢给孩子捂得严严实实,而我则认为小孩子不能穿太多;婆婆总是追着孩子喂饭,而我却坚决要求女儿自己吃饭;婆婆总是喜欢随便给女儿搭配衣服,而我却希望女儿每天都穿得精精神神、清清爽爽……诸如此类的分歧太多了,我们的矛盾也越来越多,相应地,我生气的时候也越来越多,心情也越来越抑郁。

有一次,当我和婆婆又因为一点鸡毛蒜皮的小事闹得互不理睬的时候,一气之下,我夺门而出,去了闺蜜家"避难"。当着闺蜜的面,我细数婆婆的数条"罪状",越说越激动,越说越气愤。

这时候,一旁的闺蜜却笑了,她安慰我说:"家家都有本难念的经,我听了半天,其实你们也没有实质性的矛盾呀,无外乎都是一些鸡毛蒜皮的小事。毕竟是老人,有时候睁一只眼闭一只眼就算了,何必给自己制造烦恼呢?凡事不深究、不细想,你会发现,其实也没有什么大不了,你自己的心情也会好很多呀。"

我反复回味闺蜜的话,觉得很有道理。的确,很多时候,我们之所以会郁闷、会不开心,正是因为我们计较得太多,缺乏包容。

从那以后,我便有意识地转变对婆婆的态度,在对待孩子的事情上,即便婆婆的做法让我感觉再不认同,我也会努力压制自己的怒火,做到不深究、不计较,然后再挑选合适的时机,和颜悦色地与婆婆沟通。

我发现,当我这样做的时候,我生气的次数果然少了。更不可思议的是,或许是受到了我的感染,婆婆对我的态度也好了很多。往常家里剑拔弩张的紧张和压抑气氛不见了,取而代之的是一家人亲亲热热、和和气气。

2
不计较是婚姻最好的"保鲜秘籍"

闺蜜媛媛和先生是圈子里公认的模范夫妻,尽管已经结婚四五年了,可是他们在一起,永远像热恋时那般甜蜜,惹得我们一帮朋友都十分羡慕。

有一次,我们几个朋友在一起聚会。突然,不知谁聊到了夫妻相处的话题,于是,大家便纷纷起哄,让媛媛分享自己的"婚姻保鲜"秘籍。

媛媛一脸娇羞,架不住大家的强烈要求,笑着说道:"哪有什么秘籍啊,不过是我们都不和对方计较而已。"

生活宜简,不宜满

媛媛说,其实刚恋爱的时候,他们也和大多数情侣一样,因为一点鸡毛蒜皮的小事就频繁发生争吵。比如,先生一个电话接晚了,媛媛就会生好几天的闷气;而媛媛如果拒绝了先生的某个请求,先生也会郁闷好几天。

后来,他们意识到这样相处下去再好的感情也会被折腾没了,于是便决定坐下来认真梳理一下相处的状态。在这个过程中,他们发现,其实很多时候,引起争吵的都是一些微不足道的小事,而之所以小事会演变成战火,恰恰是双方都想得太多、计较得太多。

弄清楚了问题后,媛媛就和先生达成了共识,在以后的相处过程中,彼此都要更坦诚、更包容,少计较、少节外生枝,如果当一方对另一方心怀不满的时候,也一定要找机会在第一时间和颜悦色地进行沟通。

也正是从那次沟通过后,媛媛和先生都做出了很大的改变。比如,当先生再次不接媛媛电话的时候,媛媛就会试着去体谅先生,而不是一味地胡思乱想,甚至上纲上线,认为先生不接电话就是不爱自己,得理不饶人;同样地,当媛媛因为特殊情况拒绝了先生的某次邀请后,先生也会站在媛媛的立场体谅媛媛,并且和媛媛沟通后再重新约时间。

当他们都努力去做到不深究、不细想的时候,他们发现,彼此的相处更快乐了,彼此的感情也更融洽了。这正是深谙这种"不计较、多体谅、勤沟通"的婚姻秘籍,他们才把琐碎的婚姻生活,过成了甜蜜的童话故事,成为令人羡慕的模范夫妻。

其实,不仅是夫妻关系,人与人之间任何一种关系的维系,都离不开不计较的哲学。从某种程度上来说,大多数时候,我们之所以会和他人发生矛盾,我们之所以会感觉不快乐,恰恰正是因为我们想得太多、计较得太多。

不生气、不计较、不抱怨,这是生活快乐永恒不变的心灵法则,也是社会圆融和职场生存最简单平凡的成功利器。学会制怒,遇事不细想、不深究,如此,我们能在顺境中安享其福,在逆境中心存喜乐。

3
不计较的人生,才是真正的智慧人生

不细想、不深究,这是一种通透的生活态度,更是一种超凡的精神境界。不计较的人生,才是真正的智慧人生。

要知道,人生在世,不可避免地会遭遇摩擦、遇到困境,这时候,如果我们计较太多,那么,我们就会加重身心的负担,让自己举步维艰、郁郁寡欢;反之,如果我心胸宽广、气量宏大,能做到凡事不细想、不深究,那么,我们就能轻松上阵,更顺利、更快乐地到达想到达的彼岸。

曾经听说过这样一个故事:

生活宜简,不宜满

有甲乙丙三位士兵,他们都曾在战俘营备受虐待。多年以后,当他们重新聚在一起的时候,甲问乙:"你原谅了曾经折磨你的人了吗?"

乙咬牙切齿地回答说:"我永远都不会原谅他们。"

这时候,丙对乙说:"如果这样的话,你到现在仍然是一个囚徒!"

的确,因为太计较,因为不懂得宽容和原谅,乙的内心,就像一座森严的监狱,而这座监狱里关着的,恰恰就是乙的快乐。从某种程度上来说,计较就像一个死结一般,你越拉,它越紧,渐渐地,在这种煎熬的拉扯中,你就会丢掉生活的快乐,感受到压抑和窒息。

在现实的生活中,我们每个人都应该明白这样一个道理:一个计较太多的人,一个不愿宽恕别人的人,其实不是在和别人过不去,而是在跟自己过不去,因为他们在自己的内心设置了一座牢狱,所囚禁的不是别人,而是痛苦不堪的自己。

作家雨果曾经说过:"世界上最宽阔的是海洋,比海洋更宽阔的是天空,比天空更宽阔的是人的心灵。"

人心很大,它可以包容一切,也可以改变一切,它能够让坏人变好,能让坚冰融化,能让友谊加固,能让浪子回头,它能够带来宁静与坦然,能带走痛苦与仇恨。所以,与其多想、与其深究、与其计较,不如宽容和体谅,让自己也拥有一颗珍贵而宽广的人心。

人生不要计较太多，因为计较越多，你就会越累。无论是谁，越计较越郁闷，越不计较越快乐。当你决心不计较时，你就会变得无比快乐，而这种快乐也会感染他人，并在你身边快速形成一个良性循环，让更多周遭的人也像你一样，成为快乐的传播者。

所得,所不得,皆不如心安理得

1
与其怨天尤人,不如淡然待之

前两天,发小儿蕊蕊心情郁闷,特意约我出去喝茶。原来,蕊蕊这次竞聘科长又失败了。

十年前,蕊蕊从"985"院校毕业后,直接被聘任到了现在就职的某国企上班。初出校门,蕊蕊干劲十足,几乎天天都是到办公室最早、离开办公室最晚的那一位。再加之她本身就优秀,不仅写得一手好文章,而且情商高、能力强,说话做事一丝不苟、滴水不漏,所以,很快就成了单位的"红人",年年得先进,年年受表扬。

工作的第四年,蕊蕊所在单位要竞选一位科长,优秀抢眼的蕊蕊自然成了极具优势的候选人之一,然而,一轮笔试一轮面试再加民主测评过后,表现优异的蕊蕊却败给了另一位表现平平,但资历更深、在单位服务年限更长的同事。

那次，领导特意将蕊蕊叫到了办公室，一番夸赞后安慰道："你还年轻，有的是机会，这次就当是试水了，好好表现，未来可期。"蕊蕊也觉得领导说得在理，自己的确还很年轻，资历不够，于是，她虽然心有不甘，但很快就平息了内心的失落。

等机会再来的时候，已经是六年后了。

这六年里，蕊蕊依然像当年刚进单位时那样，对待工作勤勤恳恳，也依然年年先进，年年受表扬。所不同的是，在时光的洗礼中，她也成了有资历的人。

所以这次，不仅是蕊蕊自己，所有单位的同事也都觉得科长职位非她莫属。结果，"半路杀出了个程咬金"，科长的职位却再一次被一个据说"关系很硬"的年轻女孩截胡了。

如果说上次蕊蕊还可以安慰自己"资历不够"的话，那么这次，蕊蕊实在不知道该怎么安慰自己了，她沮丧地对我说："难道要怪自己出身不好，上面没人吗？"

在茶室里，我耐心地听着蕊蕊的抱怨，陪着蕊蕊一起难过，临近分别，才安慰她道："错过就错过吧，不要为难自己，但求心安理得就好。"

我理解蕊蕊的不甘，也明白蕊蕊的遗憾，但我更知道，有些东西本身就是可遇而不可求的，错过了功名利禄已然十分遗憾，如果再因此而影响了心情，岂不是更不划算？

所以,短暂的遗憾过后,日子仍然要继续,与其怨天尤人,不如淡然待之。

2
得到也好,得不到也罢,但求对得起自己的内心

张爱玲说,人生有三大遗憾:鲥鱼多刺,海棠无香,《红楼》未完!通透如她尚且如此,更何况是作为凡夫俗子的我们呢?

爱而不得的人,追不到的梦,失之交臂的成功,想做而未做的事……终其一生,我们总是会为自己留下浓墨重彩的遗憾。重要的是,面对这些遗憾,你会选择怎样的心境:是沦陷在遗憾里从此郁郁寡欢?还是淡然地对待遗憾,做自己该做的事,但求心安理得?

我认识的一位学弟,深爱一位女同学很多年。而那位女同学,也一直爱着他。只是在青涩的年纪,他们都太害羞,舍不得将这份爱说出口。后来,终于等到他成熟得足够有勇气说爱了,女孩却有了另一半。

再后来,学弟就一直带着那份遗憾,以朋友的身份陪伴在女孩身边,默默守护着女孩。

我曾问他:"还想追回来吗?"

他摇摇头说:"她过得很幸福,不愿打扰她,只想祝福她。"

我又问他:"那这样默默地对她好,又有什么意义呢?"

他笑着说:"因为这样做才对得起自己的内心。"

听到答案的一瞬间,我竟然觉得鼻子有些酸楚。的确,在这个世界上,总会有错过,总会有失去,也总会有遗憾。得到也好,得不到也罢,最重要的,其实就是要对得起自己的内心。

所谓"所得,所不得,皆不如心安理得",说的大约就是这个道理吧。

3
心安理得不是口头的畅快,而是良知的觉醒

在现实生活中,有许多人都喜欢将"心安理得"当作人生的座右铭,然而,真正能做到知行合一的,又有多少呢?归根结底,真正的心安理得,绝不是口头上的畅快,而是良知的觉醒。

比如,扔垃圾时,想着夏日炎炎清洁工不容易,自己多走几步,他们或许可以能少干那么一点点,这是心安理得。

比如,跳广场舞时,想起一些要上夜班的人可能已经休息了,就自觉地调低音量,或者干脆把跳舞的地点挪回自己家里,这是心安理得。

再比如,去旅游时,因兴之所至想留下"到此一游"的"墨宝",然而想到着别的游客看到你的"作品"时的无奈与愤慨,继而停下蠢蠢欲动的手,这也是心安理得……

总之,人生有高有低、有得有失,最重要的是无论最终结局怎样,你首先要对得起自己的良知,成全自己的心安理得。

生活本来简单,愿我们都简单。